Sentirse Bien

------ ------

Ordena Tu Mente y Dile Adiós al Estrés Para Siempre

Chloe S

Contenido

Introducción

Quiero agradecerte y felicitarte por comprar el libro, *"Sentirse Bien: Ordena Tu Mente y Dile Adiós al Estrés Para Siempre"*

Este libro contiene pasos y estrategias comprobadas sobre cómo lograr la felicidad, especialmente para aquellos que viven la vida infeliz y luchan en su vida con demasiadas cosas desordenadas que los rodean y están listos para cambiar sus vidas completamente siguiendo esta guía.

Esta sencilla guía ofrece la solución a la felicidad y el plan de acción para motivar a tu mente interior a perdonar, olvidar y dejar atrás el pasado

Muchas guías te brindarán consejos y sugerencias sobre lo que puedes hacer para organizar tu mente, solucionar tu dolor inmediato y superar el estrés, pero muchos de ellos son demasiado difíciles de seguir a largo plazo. En este libro, aprenderás varias formas de ordenar tu mente paso a paso, y mi consejo para ti es que lo leas y actúes de inmediato. Estoy segura de que ayudará a transformar tu vida por completo.

Gracias de nuevo por comprar este libro, ¡espero que lo disfrutes!

Este documento está orientado a proporcionar información exacta y confiable con respecto al contenido y el tema cubierto. La publicación se vende con la idea de que el editor no está obligado a prestar servicios de contabilidad, oficialmente autorizados o de otro modo calificados. Si es necesario un consejo, legal o profesional, se debe ordenar a un individuo practicado en la profesión.

De una Declaración de Principios que fue aceptada y aprobada por igual por un Comité del Colegio de Abogados de Estados Unidos y un Comité de Editores y Asociaciones.

La información proporcionada en este documento se afirma que es veraz y coherente, en el sentido de que cualquier responsabilidad, con respecto a la falta de atención o de otro tipo, por el uso o abuso de cualquier política, proceso o dirección contenida en este documento es responsabilidad absoluta y exclusiva del lector receptor. Bajo ninguna circunstancia se responsabilizará o culpará legalmente al editor por cualquier indemnización, daño o pérdida monetaria debido a la información aquí contenida, ya sea directa o indirectamente.

Los autores respectivos poseen todos los derechos de autor que no pertenecen al editor.

La información en este documento se ofrece únicamente con fines informativos y es universal como tal. La presentación de la información es sin contrato o garantía de seguridad.

Las marcas comerciales que se utilizan son sin consentimiento alguno, y la publicación de la marca es sin el permiso o el respaldo del propietario de la marca comercial. Todas las marcas comerciales y firmas dentro de este libro son sólo para fines de aclaración y pertenecen a los propios titulares, no afiliados a este documento.

Capítulo 1: ¿Qué es el estrés?

¿Qué es tan estresante acerca de unas pocas galletas con chispas de chocolate? Nada, si te comes dos galletas con chispas de chocolate todos los días como parte de una dieta bien balanceada. Mucho, si te privas de los postres por un mes, entonces comes una bolsa entera de trozos de ganache de doble de chocolate. No estás acostumbrado a todas esas galletas. Tu cuerpo no está acostumbrado a todo ese azúcar. Eso es estresante. No es estresante como hacer un total de tu automóvil o ser transferido a Siberia, pero estresante de todos modos.

Según el Instituto Estadounidense de Estrés en Yonkers, Nueva York, el 43 por ciento de todos los adultos sufren efectos adversos a la salud debido al estrés, y del 75 al 90 por ciento de todas las visitas a médicos de atención primaria son por quejas o trastornos relacionados con el estrés.

De la misma manera, cualquier cosa fuera de lo común que te suceda es estresante para tu cuerpo. Parte de ese estrés se siente bien. Incluso genial. Sin ningún tipo de estrés, la vida sería un gran aburrimiento. El estrés no es, por definición, algo malo, pero ciertamente tampoco siempre es bueno. De hecho, puede causar problemas de salud dramáticos si te sucede mucho y durante demasiado tiempo.

Sin embargo, el estrés no es solo algo fuera de lo ordinario. El estrés también puede estar oculto y profundamente arraigado en tu vida. ¿Qué pasa si no puedes soportar tu trabajo en la gerencia media pero continúas yendo allí todos los días porque tienes miedo de comenzar tu propio negocio y renunciar al salario regular? ¿Qué pasa si tu familia tiene problemas serios de comunicación o si vives en un lugar donde no te sientes seguro? Tal vez todo parece estar bien, pero sin embargo, te sientes deprimido. Incluso cuando estás acostumbrado a ciertas cosas en tu vida — platos sucios en el fregadero, miembros de la familia que no te ayudan, días de doce horas en la oficina—, esas cosas pueden ser estresantes. Incluso puedes estresarte cuando algo va bien. Quizá alguien sea útil para ti y sospechas o te sientes incómodo si tu casa está demasiado limpia. Estás tan acostumbrado a que las cosas sean difíciles que no sabes cómo adaptarte. El estrés es un fenómeno extraño y altamente individual.

A menos que vivas en una cueva sin televisión (en realidad, no es una mala manera de eliminar el estrés en tu vida), probablemente hayas escuchado bastante sobre el estrés en los medios, en la cafetera, en el trabajo o en las revistas y periódicos, lo lees. La mayoría de las personas tiene una noción preconcebida de qué es el estrés en general, así como también qué es el estrés para ellos. ¿Qué significa el estrés para ti?

- ¿Malestar?
- ¿Dolor?
- ¿Preocupación?
- ¿Ansiedad?
- ¿Emoción?
- ¿Miedo?
- ¿Incertidumbre?

Estas cosas hacen que las personas se sientan estresadas y en su mayoría son afecciones derivadas del estrés. Pero, ¿qué es el estrés en sí? El estrés es un término tan amplio, y hay tantos tipos diferentes de estrés que afectan a tantas personas de muchas maneras diferentes que la palabra estrés puede parecer desafiante. Lo que es estresante para una persona puede ser estimulante para otra. Entonces, ¿qué es exactamente el estrés?

El estrés viene en varias formas, algunas más obvias que otras. Algún estrés es agudo, algunos son episódicos, y algunos son crónicos. Echemos un vistazo más de cerca a cada tipo de estrés y cómo te afecta.

Alivio del Estrés para Tu Mente y Espíritu

Las técnicas de control del estrés que fortalecen y refuerzan el cuerpo también ayudarán a fortalecer la capacidad de la mente para resistir los efectos negativos del estrés. Pero algunas técnicas de manejo del estrés tratan directamente con la mente: los procesos de pensamiento, las emociones, el intelecto y, más allá de la mente, la búsqueda del significado espiritual. En este capítulo, veremos las técnicas de meditación, que son las técnicas más efectivas dirigidas a tu mente y espíritu.

Los Efectos Mentales Negativos del Estrés

- Una incapacidad para concentrarse

- Preocupación excesiva e incontrolable
- Sentimientos de ansiedad y pánico
- Olvido
- Tristeza, depresión
- Nerviosismo
- Fatiga, baja energía
- Irritabilidad
- Inquietud
- Negativismo
- Temor
- Expectativas poco realistas
- Desesperación

Sí, algunos de estos síntomas de estrés pueden estar directamente relacionados con el cuerpo, pero estos síntomas a menudo son producto de la mente y su interpretación de una obsesión o apego a eventos estresantes. ¿Cómo pones a prueba de estrés tu mente? Con el manejo del estrés mental, por supuesto.

El manejo del estrés para la mente y el espíritu está específicamente dirigido a ayudar a aquietar, apaciguar y calmar la mente hiperactiva, que es tan común en personas que están experimentando estrés más allá de sus niveles de tolerancia al estrés. Estas técnicas te ayudan a reconocer los procesos de pensamiento que aumentan tu estrés, las actitudes que pueden desencadenar una respuesta al estrés y la forma en que tiendes a aferrarte a las ideas como si fueran salvavidas. También pueden cumplir el deseo de un significado más elevado que, cuando te ves obstaculizado por una vida que no es lo que queríamos que sea, puede debilitar lentamente nuestra felicidad y autoestima.

Algunas de estas técnicas están relacionadas con técnicas de manejo físico del estrés (específicamente, técnicas de relajación) porque, una vez más, la mente y el cuerpo están inextricablemente conectados. Pero si estás experimentando incluso algunos de los efectos mentales negativos del estrés o sientes que tu espíritu necesita urgentemente refuerzos y deseas ir directamente a la causa, intenta estas técnicas de manejo del estrés para la mente y el espíritu.

El Estrés en Tu Cuerpo

Puedes controlar algunas de las tensiones en tu cuerpo; por ejemplo, puedes determinar cuánto comes y cuánto haces ejercicio. Estas tensiones entran en la categoría de estresores fisiológicos. Luego, hay factores estresantes ambientales, como la contaminación ambiental y la adicción a sustancias.

1. **Estresores Ambientales.** Estas son cosas en tu entorno inmediato que ponen el estrés en tu cuerpo físico. Estos incluyen contaminación del aire, agua potable contaminada, contaminación acústica, iluminación artificial, mala ventilación o la presencia de alérgenos en el campo de la ambrosía fuera de la ventana de tu habitación o en el peligro del gato al que le gusta dormir en la almohada.

2. **Estresores Fisiológicos.** Estos son los factores estresantes dentro de tu propio cuerpo que causan estrés. Los malos hábitos de salud como fumar, beber demasiado, comer

comida chatarra o ser sedentario suponen un estrés fisiológico en tu cuerpo. También lo hace la enfermedad, ya sea un resfriado común o algo más grave como una enfermedad cardíaca o cáncer. La lesión también ejerce presión sobre tu cuerpo: una pierna fracturada, una muñeca torcida y un disco deslizado son todos estresantes.

Una de las reacciones más comunes al estrés es la alimentación compulsiva. La mejor manera de manejar su debilidad temporal es encontrar una forma más saludable de lidiar con tus sentimientos estresantes. Un gran vaso de agua, un paseo por la manzana o una llamada telefónica a un amigo puede ser justo lo que necesitas. Solo recuerda, puedes controlar tu vida.

Igual de potente, pero menos directo, son estresores que impactan tu cuerpo a través de tu mente. Por ejemplo, quedarte atrapado en el tráfico pesado puede estresar tu cuerpo directamente debido a la contaminación del aire que crea, pero también puede estresar tu cuerpo indirectamente porque te sientes exaltado y te irritas en tu automóvil en medio de un atasco de tráfico y la presión arterial aumenta, los músculos se te tensan y el corazón te late más rápido. Si tuvieras que interpretar el embotellamiento de manera diferente — por ejemplo, como una oportunidad para relajarte y escuchar tu CD favorito antes de ir a trabajar — tu cuerpo podría no experimentar ningún tipo de estrés. De nuevo, la actitud juega un papel importante.

El dolor es otro ejemplo más complicado de estrés indirecto. Si tienes un terrible dolor de cabeza, es posible que tu cuerpo no experimente un estrés fisiológico directo, pero tu reacción emocional al dolor puede causar un estrés significativo en tu cuerpo. Las personas tienden a temer el dolor, pero el dolor es una forma importante de hacernos saber que algo anda mal. El dolor puede indicar una lesión o enfermedad. Sin embargo, a veces ya sabemos lo que está mal. Recibimos migrañas o tenemos artritis, o experimentamos calambres menstruales o una rodilla mala se expresa cuando cambia el clima. Este tipo de dolor "familiar" no es útil en términos de alertarnos sobre algo que necesita atención médica inmediata.

Pero debido a que sabemos que estamos sufriendo algún tipo de dolor, aún tendemos a ponernos tensos. "¡Oh, no, no otra migraña! ¡No, hoy no! "Nuestra reacción emocional no causa el dolor, pero sí causa el estrés fisiológico asociado con el dolor. El dolor en sí mismo no es estresante. Nuestra reacción al dolor es lo que causa estrés. Por lo tanto, aprender técnicas de manejo del estrés puede no detener el dolor, pero puede detener el estrés fisiológico asociado con el dolor.

Las terapias diseñadas para ayudar a las personas a controlar el dolor crónico aconsejan a los pacientes que exploren la diferencia entre el dolor y la interpretación negativa del dolor. Las personas que viven con dolor crónico aprenden técnicas de meditación para incorporar y enfrentar el dolor, además de la interpretación del dolor por parte del cerebro como fuente de sufrimiento.

Cuando tu cuerpo está experimentando esta respuesta al estrés, ya sea causada por factores estresantes fisiológicos directos o indirectos, este sufre algunos cambios muy específicos. Alrededor del comienzo del siglo XX, el fisiólogo Walter B. Cannon acuñó la frase "luchar o huir" para describir los cambios bioquímicos que el estrés invoca en el cuerpo, preparándolo para huir o enfrentar el peligro de manera más segura y efectiva. Estos son los cambios que ocurren en tu cuerpo cada vez que te sientes estresado, incluso si huir o pelear no son relevantes o no te ayudarían (por ejemplo, si estás a punto de dar un discurso, hacer una prueba o confrontar a tu suegra acerca de sus constantes consejos no solicitados, ni luchar ni huir son respuestas muy útiles).

Esto es lo que sucede dentro de tu cuerpo cuando sientes estrés:

1. Tu corteza cerebral envía un mensaje de alarma a tu hipotálamo (la parte de tu cerebro que libera los químicos que crean la respuesta al estrés). Cualquier cosa que tu cerebro perciba como estrés causará este efecto, ya sea que estés en ningún peligro real.

2. Tu hipotálamo libera sustancias químicas que estimulan tu sistema nervioso simpático para prepararte para el peligro.

3. Tu sistema nervioso reacciona elevando tu ritmo cardíaco, frecuencia respiratoria y presión arterial. Todo se pone "arriba".

4. Tus músculos se tensan, preparándose para la acción. La sangre se mueve desde las extremidades y tu sistema digestivo hasta los músculos y el cerebro. Los azúcares en la

sangre se movilizan para viajar a donde más se necesiten.

5. Tus sentidos se vuelven más nítidos. Puedes oír mejor, ver mejor, oler mejor, saborear mejor. Incluso tu sentido del tacto se vuelve más sensible.

Capítulo 2: ¿Qué es el Desorden?

Date cuenta de que puedes vencer cualquier cosa y obtener todo lo que necesitas. ¿Por qué es difícil para algunos? Considerado todo, este es un resultado directo de un lío mental.

La perplejidad mental es solo reflexiones, emociones y tensión que se agrupan en tu mente y te llevan a una condición de autoperturbación, perdurabilidad, batalla, estrés y partición. El lío mental hace la vida difícil y confusa. Las cosas nos ponen inconsistentes con cualquier otra persona. No podemos verlo, pero la perplejidad mental se cuela donde la paz y el amor no. En el caso de que estemos confundidos, nos oponemos a la corriente regular y la simplicidad de la vida. No nos permitimos alcanzar nuestra capacidad máxima ni encontrar nuestras implicaciones genuinas.

Como dije antes en caso de que tengas una convicción seria de lo que tienes ahora, en ese momento lo mostrarás en tu vida. Cuando tienes un lío mental, se confunde; Tendrás consideraciones excesivamente numerosas que llevarán tu psique a la cabeza en una amplia gama de posturas. También es posible que haya una voz dentro de tu cabeza que diga que todo está bien para nada. En ese momento, tienes otra voz en tu mente que dice que es todo para ti y que nunca debes rendirte. Además, al final, la pregunta trata de ¿a cuál regirse? Además, notar esto será difícil.

Si no encuentras transparencia, paz y amor, tienes un desorden mental. Esto vive únicamente en tus reflexiones. Lo que es más, solo se necesita una idea o sentimiento negativo para dirigirte erróneamente a una vida mucho más crítica y ruinosa. En la actualidad, hay ocho indicaciones estándar de un desorden mental.

Capítulo 3: Causas Del Desorden Mental

El desorden mental es causado por una variedad de factores. Antes de aprender sobre estos factores, es crucial determinar primero la confusión psicológica.

En la historia, había un hombre que quería colgar una pintura en la pared. Tenía un clavo, pero no tenía un martillo. Entonces, pensó en ir a la casa de su vecino para pedir prestado un palo. Sin embargo, comenzó a tener dudas.

¿Qué pasa si su vecino se negaba a prestarle su martillo? Su vecino apenas le habló el día anterior. Quizás, él tenía prisa. Tal vez tenía algo en contra de él. ¿Por qué tendría algo en contra de él cuando no hizo nada malo?

Si su vecino quisiera tomar prestado algo, él se lo prestaría fácilmente. Entonces, ¿por qué se rehusaría a dejar que tomara prestado un martillo? Este tipo de personas son las que hacen que los demás sean miserables, pensó. Peor aún, él podría sentir que lo necesitaba por el martillo.

Con tales pensamientos, el hombre corrió a la casa de su vecino y le gritó cosas malas antes de que su vecino siquiera tuviera idea de por qué había llegado a su puerta.

Esta historia ilustra cómo es una persona mentalmente desordenada. El desorden es la basura que flota en la cabeza de una persona mentalmente desordenada. Es lo que lo lleva a conclusiones ridículas e irrazonables.

Desorden Mental

El desorden mental es la basura que acumulas en tu mente. Puede hacer que pienses en lo peor. Puede mantenerte pesimista, temeroso y ansioso, atrapado en la red de tu creación. También puede hacerte sentir estancado en auto-sabotaje, lucha, sufrimiento, separación y estrés. Puede hacer tu vida complicada y confusa. Incluso puede ponerte en desacuerdo con todos los demás.

El desorden mental está oculto a simple vista. También acecha en lugares donde no hay amor ni paz. Cuanto más tiempo te quedes desordenado, más tiempo resistirás la facilidad y el flujo de la vida.

Si no experimentas paz, amor y claridad, tu mente está abarrotada. El desorden mental es elusivo y exclusivo en tus pensamientos. Comienza como una cabeza, que es engañosa y turbia. Poco a poco, evoluciona hacia algo más grande y peor.

Tu desorden mental consiste en historias que te dices a ti mismo. Estas son las historias que paralizan tu potencial y atacan tu bienestar. Te dice que no puedes, no deberías y no quieres. Te da una razón para desconfiar y dudar, y te hace sentir impotente. Te habla de mentiras de falta y limitación en lugar de la verdad sobre la riqueza y la abundancia.

Cuando se acumula y te ciega a la verdad de quién eres, sin ninguna creencia limitante, te conviertes en el hombre que necesitaba un martillo y que cayó en espiral por el agujero del conejo. Te conviertes en una persona que cree que no es lo suficientemente buena, que no merece ser amada y que no tendrá lo que quiere. Cuando despejas este desorden, la verdad se revela.

Capítulo 4: Síntomas del desorden

¿Cómo puedes saber si ya tienes mucho desorden? Hay ocho síntomas reveladores que debes tener en cuenta. Cuando notes que estos síntomas comienzan a aparecer, debes comenzar a organizarte.

Confusión

Esta es la falta de comprensión y claridad. Es incertidumbre o no estar claro acerca de ciertas cosas. Cuando estás confundido, te sientes disperso y de mal humor. Hace que empieces a sentir miedo y preocupación.

Cháchara

Cháchara se refiere a la narración en curso en la parte posterior de tu cabeza. Es parloteo, ruido y diálogo interno. Se siente como un diálogo mental constante que se enciende en tu entorno. Es impaciente y curioso.

Caos

Esto se refiere al desorden total, desastre, interrupción y desorganización en tu cabeza. Lleva a la anarquía mental y se siente como si no tuvieras organización ni orden a pesar de las creencias e ideas disidentes.

Condiciones

Estos se definen como estipulaciones, requisitos previos o requerimientos. También se refieren a factores que influyen en los resultados o las progresiones de ciertas situaciones. Son las expectativas y demandas que las personas depositan en ellos mismos y en los demás. Pueden parecer condicionantes, límites y reglas.

Colecciones

Estos se refieren a la agrupación o reunión de objetos. Ven a la acumulación de seguridad, comodidad y prestigio. Pueden sentirse como validación y trofeos de reconocimiento.

Comparaciones

Estos se refieren a la formación de juicios superlativos o comparativos. La comparación toma deliberadamente dos cosas y las compara entre sí para seleccionar una preferencia o ganador. Puede sentirse como buscar algo mejor y más prominente.

Compromisos

Estos se refieren a la asignación de energía a diferentes actividades o causas dentro de un marco de tiempo particular. Te comprometes con la acción y la atención a todo, incluido el trabajo, la familia, la salud y los pasatiempos. Los compromisos pueden sentirse como llenar tu calendario con obligaciones y citas.

Control

Esto se refiere al poder de influenciar comportamientos o cursos de eventos. A través de él, puedes tratar de esclavizar la acción y el rendimiento de tu vida para que puedas obtener los resultados deseados. Puede sentirse como manipular y manejar las circunstancias para que te sientas más cómodo.

Capítulo 5: El Desorden y su Impacto en la Vida

La gente colecciona cosas por diferentes razones. Algunas personas piensan que necesitarán usar esas palabras más adelante o quizás sus futuros hijos las usarían. Otros coleccionan artículos porque tienen un vínculo emocional con ellos. Después de todo, a mucha gente le gusta mantener cosas que tienen valor sentimental. También hay quienes sienten que solo desperdiciarán dinero si tiran sus cosas costosas, sin importar qué tan viejas, rotas o inútiles sean.

Puede que estés aferrándote a un bonito par de zapatos que no hayas usado en años porque crees que llegará una ocasión en la que puedas volver a usarlos. Puedes seguir negándote a donar libros no leídos que ocupan mucho espacio en tu habitación porque sigues diciéndote a ti mismo que llegará un momento en que finalmente los leerás. De hecho, hay muchas razones por las cuales las personas se aferran a sus cosas.

La verdad, sin embargo, es que probablemente has cometido un error al comprar o adquirir esas cosas en primer lugar. Esto puede ser difícil de procesar para tu cerebro. Investigadores de la Universidad de Yale dijeron que dos áreas de tu mente están relacionadas con el dolor. Estas son la ínsula y la corteza cingulada anterior. Se iluminan como respuesta cuando sueltas las cosas con las que te sientes conectado.

Tu corteza cingulada anterior es la misma área de tu cerebro que se ilumina cada vez que experimentas dolor físico. Consideras la pérdida de desorden como algo que causa dolor físico. Esto explica por qué cuanto más te comprometas económica o emocionalmente con una cosa, más fuerte es tu deseo de mantenerla.

Cada vez que introduces un nuevo elemento en tu vida, lo asocias fácilmente con el valor. Esto hace que sea más difícil para ti darlo o dejarlo ir cuando sea el momento de hacerlo. Debido a tu conexión psicológica con las cosas, comienzas a acumular más.

El Efecto del Desorden en el Cerebro

Existe la idea errónea de que acaparar cosas no está perjudicando a nadie. Duele al acaparador. El acaparamiento es un trastorno obsesivo-compulsivo grave que requiere una solución a largo plazo. No solo afecta al paciente, sino que también afecta tanto a las personas que viven con él como a las personas que se preocupan por su bienestar.

Tener cosas innecesarias a su alrededor puede dañar tu capacidad de procesar información y retener tu enfoque. Tu apego al desorden puede resultar en estrés, depresión y vergüenza. También puedes poner en peligro tu vida si tu acaparamiento se sale de control.

Por ejemplo, si llenas tu casa de basura, es posible que ya no puedas moverte y que estés en peligro de que te caiga encima. También es posible que te cueste mantener una higiene adecuada y que desarrolles infecciones y enfermedades. Además, tu casa puede estar infestada de ratas y otras plagas debido a toda la basura.

Los neurocientíficos de la Universidad de Princeton han descubierto que el desorden físico tiende a competir por la atención. Esto causa un aumento del estrés y una disminución del rendimiento. No podrás desempeñarte adecuadamente en un entorno no organizado porque el desarreglo y el desorden a tu alrededor te mantendrán distraído.

Investigadores de la Universidad de California, Los Ángeles (UCLA) realizaron un estudio que involucró a varias madres como participantes. Al final, descubrieron que las hormonas del estrés de todos los participantes se dispararon cuando trataron con sus pertenencias personales. Por lo tanto, se concluyó que el desorden físico sobrecarga los sentidos al igual que la multitarea sobrecarga el cerebro. Como resultado, te vuelves más estresado y tu capacidad de concentrarte y pensar de forma creativa disminuye cuando te rodea el desorden.

Peter Walsh, un conocido autor, y presentador de la serie de televisión de realidad extrema Orden Extremo dijo que las cosas que quedaron sin hacer podrían ser tu perdición. El desorden solo agrega estrés y desperdicia un tiempo valioso. Las personas desorganizadas con vidas abarrotadas tienden a sentirse ansiosas, fuera de control y frustradas. A menudo también les cuesta relajarse y desenrrollarse.

Entonces, si deseas tener más tranquilidad, necesitas ordenar y organizar tus pertenencias y tu entorno. Organizar genera energía fresca, libera emociones negativas y crea un espacio físico y mental.

El Desorden No Es Solo Físico

Papeles, cajas de cartón, botellas, bolsas de plástico, electrodomésticos rotos y otros artículos no son el único desorden en tu hogar. Incluso los archivos en tu computadora pueden considerarse como desorden. El desorden digital puede ser tan malo como el desorden físico. Cuando tienes demasiados archivos innecesarios en tu computadora, puedes distraerte. Puedes tener dificultades para concentrarte en el trabajo y completar tareas.

Por ejemplo, si tiene tantos elementos en tu lista de tareas, puedes sentirte abrumado y confundirte sobre qué hacer primero. Si continúas recibiendo notificaciones, es posible que tu cerebro no tenga la oportunidad de procesar la experiencia por completo. En esencia, si tu mente tiene demasiado en juego, su poder disminuye. Esto puede dificultar el filtrado de información, mantener una memoria de trabajo activa y alternar rápidamente entre tareas.

Capítulo 6: Organizar tu mente y manejar el estrés

Lo que mejor mitiga la carga es similarmente personal. Es posible que hayas intentado algunas condiciones de sondeo directo para controlar tu carga y descubriste que no son tan útiles.

El Poder del Manejo del Estrés

Los consejos sobre la organización del estrés están relacionados con ayudarte a desarrollar un sistema convincente de organización de la carga. La organización eficaz de la carga se basa en un enfoque cuidadoso e intencionado que combina las cogniciones del estrés y los cambios en el estilo de vida.

El camino con seis pistas está establecido por eso.

Consejo 1: Identifica afinidades y prácticas que muestren la carga

No es difícil reconocer las fuentes de estrés después de un evento vital imperativo, por ejemplo, avanzar en ocupaciones, mudarse de casa o perder un compañero o pariente, pero identificar los propósitos detrás de la carga común puede ser más atrapado. De ninguna manera es muy claro tus consideraciones, nociones y prácticas que se suman a tus sentimientos de tensión. Aparentemente, puedes entender que tú, en mayor parte, estás preocupado por las fechas de entrega del trabajo excesivo, sin embargo, tal vez es lo que estás posponiendo, en lugar de lo que pide el movimiento certificable, lo que está causando la carga.

Para reconocer tus fuentes correctas de estrés, observa tus inclinaciones, perspectivas y razones:

¿Resuelves lo primordial como breve ("Tengo un millón de cosas pasando en el minuto presente") a pesar de la forma en que no puedes recordar la última vez que te relajaste?

¿Describes el estrés como una parte fundamental de tu trabajo o tu vida hogareña ("Las cosas siempre están locas por aquí") o como un poco de tu personalidad ("Tengo un montón de esencialidad inquieta que es más o menos")?

¿Culpas a tu estrés por diferentes personas o eventos externos, o lo ves como dentro y fuera de lo normal y no excepcional?

Hasta el punto en que, en el momento en que reconozcas la obligación con respecto a la parte que desempeñas al crearla o cuidarla, tu inquietud sentimental permanecerá fuera de tu control.

Comienza tu diario de carga

Un diario de carga puede ayudarte a percibir los factores estresantes confiables para la duración de tu vida y la forma en que los supervisas. Cada vez que te centres; asegúrate de mostrarlo en tu diario. La cosa es esta: a medida que llevas un registro paso a paso de estos eventos, comenzarás a ver ilustraciones y temas normales con estos factores estresantes.

Por lo tanto, registra estas cosas en tu diario:

¿Qué causó tu carga (figura en caso de que no estés seguro?)

¿Cómo te sentirías, tanto físicamente como en el fondo?

¿Cómo podrías actuar a causa del factor estresante?

¿Qué hiciste avanzar?

Consejo 2: Reemplaza las terribles técnicas de ajuste a las mejores

Poco a poco, considera las rutas que comienzas ahora a administrar y adaptarte al estrés en tu vida. Tu diario de carga puede ayudarte a recordarlos. ¿Los marcos de ajuste que aplicas son sólidos o terribles, fuertes o ineficaces? Desgarradoramente, las personas tienden a ajustarse al estrés de manera que agravan su preocupación.

Hay formas trágicas en las que las personas tienden a ajustarse la carga. Estos marcos de ajuste pueden, de casualidad, disminuir la carga, en cualquier caso, causan más daños a medida que pasa el tiempo:

Fumar

Usar pastillas o medicamentos para relajarse

Beber mucho más de lo que deberías

Descansar más de lo que deberías

Aprovechar tanta basura o apoyo de confort

Aplazar tus actividades/compromisos

Paseando en un mundo de fantasía por un período de tiempo impresionante mientras que estás mirando tu teléfono

Terminando cada resumen del día mientras que estás huyendo de tus problemas

Retirándose una vez más de los colegas, la familia y las actividades y mirando al espacio

Sacando tu carga en los demás por decepción

En caso de que estos sistemas que aplicas no agreguen a tu prosperidad física y ansiada más básica, entonces la puerta abierta ha viajado en todas direcciones para encontrar la más útiles. Ningún enfoque único funciona para todos ni en todas las situaciones, así que certifícate a investigar caminos distintivos con respecto a diversas estrategias y sistemas. Concéntrate en lo que te afecta para sentirte calmado y a cargo de tu caso.

Consejo 3: Muévete y gana terreno

Sin saberlo, la actividad física acepta una parte vital masiva para disminuir y mantener los efectos de la carga, sin embargo, no tienes que ser un contendiente ni dedicar horas en un enfoque recreativo para experimentar los puntos de interés. Prácticamente cualquier tipo de actividad física puede permitir la adecuación de la carga y gastar con extrema calidez todo el choque, la tensión y la frustración. El ejercicio tiende a liberar endorfinas que causan un aumento en tu perspectiva y te impacta a sentirte fenomenalmente bien, y además puedes cumplimentarlo como una preocupación crítica para tus impulsos paso a paso.

Regularmente, las circunstancias favorables más extraordinarias surgen de ir perfeccionando por un periodo de tiempo de 30 minutos o más, sin embargo, puedes comenzar casi nada y aumentar tu nivel de bienestar de manera constante. Los impactos breves de 10 minutos de actividad tienden a elevar tu ritmo cardíaco y te afectan a sudar, lo que te ayuda a aliviar la carga y darte mayor esencialidad y optimismo.

Controla tu estrés con ejercicio estándar

Poco a poco, una vez que estés inclinado a ser físicamente poderoso, intenta entrelazar el ejercicio regular en todo tu diseño paso a paso. Las actividades que son diligentes y cadenciosas, que requieren mover tanto los brazos como las piernas, son especialmente prácticas para disminuir la carga. Caminar, correr, nadar, saltar, andar en bicicleta, el tai-chi y las clases devoradoras de oxígeno son excelentes opciones.

Elige esa actividad que reconoces, ya que esto te hace estar más inclinado a permanecer con ella. Mientras haces ejercicios, trata de concentrarte en tu cuerpo y en todas las sensaciones físicas (y como una regla menos que confiable, emocionado) que experimentas al moverte y no en tus contemplaciones. Agregar este segmento de cuidado a tu rutina de acción no solo te habilitará para salir del ciclo de contemplaciones negativas que a menudo se desarrolla con una carga abrumadora, sin embargo, ayuda a mover tu esencialidad, tu imperativo positivo, hacia la parte más centrada de tu cuerpo. Mientras haces ejercicios, concéntrate constantemente en clasificar tu respiración con cada avance que hagas. Por ejemplo, intenta percibir cómo se siente el aire o la luz solar en tu piel. Simplemente alejarte de tu cabeza y concentrarte en cómo te sientes al hacer esto es la técnica más segura para evitar el daño y limpiarte.

Consejo 4: Conéctate con las personas

Se ha creído que el compromiso social es la manera más rápida y más capaz de lidiar, reducir y cortar un trayecto al empujar y avanzar sin sobrepasar el límite de los eventos internos o externos que se cree que incapacitan. Tener la oportunidad de expresar lo que estás enfrentando puede ser en gran medida catártico, sin importar mucho si se demuestra que no hay nada que puedas hacer para alterar esa situación particularmente preocupante. Nosotros, en general, sabemos que el sesgo tiene una inclinación calmada a raíz de hablar con alguien más que nos impacta para sentirnos protegidos y avanzar. Esta experiencia específica de seguridad—como se observa y se relaciona con nosotros a través de nuestro marco tangible—ocurre a la luz de los signos no verbales que comienzan por lo que escuchamos, vemos y sentimos.

El oído interno, la cara, el corazón y el estómago están conectados de tal manera que la relación social con otra persona, a través de mirar, escuchar atentamente, hablar, etc., puede calmarte rápidamente y frenar las respuestas de carga protegidas como "luchar o huir". Además libera hormonas que se mueven para disminuir la carga, prestando poca atención a si no puedes alterar esa situación desagradable en particular. En total confiabilidad, no es en su mayoría sensato tener un compañero cerca para inclinarte, hablar cuando te sientes abrumado por la carga, sin embargo, sugiere un cambio cuando acumulas y mantienes un acuerdo con tus queridos colegas que te empoderarán para mejorar tu flexibilidad ante los factores estresantes de la vida. Por el contrario, cuanto más devastado y separado eres tú mismo, mayor careces de protección para la carga.

Ponte en contacto con tus familiares y amigos y comunícate de forma rutinaria con personas cercanas y personales, y no a través de llamadas. Lo real aquí es que las personas con las que bromeas no necesitan la capacidad de resolver tu carga. Básicamente, deben ser el grupo adecuado de personas interesadas en ti. La apertura no es una señal de debilidad, ya que puedes pensar y no te harás una carga para los demás. Honestamente, a la mayoría de los colegas se sentirán elogiados porque confías en ellos para contarles acerca de lo que estás experimentando, y esto no solo fortalecerá tu vínculo de cooperación, sino que además mejorará tu éxito. Del mismo modo, recuerda, nunca es más allá del punto en el que es concebible desarrollar nuevas confraternidades y fortalecer tu poderosa reunión de individuos prestando poca atención a si tu semblante aparece hacia las personas que nunca pueden indicar un cambio.

Consejo 5: Prueba y deja de lado un par de minutos para únicamente la emoción y relájate

Cuando pasas por un enfoque de rendición de cuentas aceptable y una perspectiva elevadora, puedes reducir el estrés en tu vida por medio de un toque de tiempo "individual". Haz un esfuerzo para no ser retribuido por el tiempo perdido en el zumbido de tu vida que hace caso omiso de gestionar tus propias necesidades específicas. Apoyarte a ti mismo es una necesidad que tienes que educar en tu vida, no una indulgencia. Si con frecuencia dejas de lado un par de minutos para emocionarte y relajarte, tendrás fácilmente la capacidad de manejar los factores estresantes de la vida mientras que tienes un límite exitosamente mejor de soltura cuando te sientas centrado.

Reserva un tiempo en particular para relajarte. Junta "De Buena fe" descansa en tu diseño paso a paso. "Auténtico" aquí induce a no aflojar con la liquidación de las facturas, lo que no debes. Haz lo que sea necesario para no empoderar los deberes distintivos con respecto a la arremetida a partir de ahora.

Capítulo 7: Cómo Replantear Pensamientos Negativos

Los pensamientos negativos pueden arrastrarte y dejarte paralizado por ansiedad o depresión. Te hacen sentir desmotivado y desanimado. Te hacen caminar con una nube de lluvia sobre tu cabeza todo el tiempo. Si continúas albergando pensamientos negativos, te retendrás y te evitarás vivir la vida de la manera que deseas.

La mejor manera de superar tus pensamientos negativos es hacer un esfuerzo por cambiar tu forma de pensar. Cuando cambies tu forma de pensar, podrás cambiar tu comportamiento. Los siguientes consejos son efectivos para ayudar a las personas a superar sus pensamientos negativos y reemplazarlos por otros más positivos: encuentra lo que es útil o bueno cuando te encuentres en una situación aparentemente negativa.

Todos, incluidas las personas más exitosas del mundo, experimentan reveses y fracasos. Cuando no obtienes lo que quieres, puedes sentir emociones negativas y hacer que veas las cosas de manera negativa. Cuando esto suceda, debes contrarrestarlo haciendo ciertas preguntas. Estas preguntas deberían ayudarte a sentirte mejor y también a crecer.

Por ejemplo, puedes preguntarte qué cosas buenas puedes ver en la situación o qué puedes hacer de manera diferente en caso de que te encuentres en la misma situación en el futuro. También puedes preguntarte acerca de la lección que has aprendido de la experiencia. Además, puedes ponerte en el lugar de otras personas. ¿Qué crees que tus amigos te dirán o te aconsejarán que hagas para enfrentar de manera efectiva la situación en la que te encuentras?

Recuérdate a ti mismo que a otras personas realmente no les importa lo que haces o dices.

Puedes terminar con pensamientos negativos cuando comienzas a pensar que otras personas pueden pensar o decir algo acerca de ti. Esto hace que analices las cosas en exceso hasta el punto de dejar de ser racionales. Si continúas haciendo esto, pronto perderás el contacto con la realidad y te verás atrapado en tus pensamientos negativos.

Debes darte cuenta de que la gente no tiene mucha energía ni tiempo para hablar de ti o pensar en lo que haces. De hecho, están demasiado ocupados con sus propias vidas, que incluyen problemas con sus trabajos, hijos, finanzas, etc. Tienen sus propias preocupaciones y temores, por lo que no lo pensarán dos veces.

Si te recuerdas esta verdad, serás libre de restricciones. Podrás dar los pasos necesarios para alcanzar tus propios objetivos y vivir tu vida de la manera que siempre quisiste.

Cuestiona tus pensamientos.

Cada vez que te encuentres teniendo pensamientos negativos, deberías comenzar a cuestionarlos. Pregúntate si tienes que tomar en serio el pensamiento negativo o jugar con él. La respuesta es probablemente un 'no'. Puedes aligerar tu situación interpretando o desafiando tus pensamientos negativos para disminuir su impacto.

También debes analizar la situación. Averigua por qué surgieron pensamientos negativos en primer lugar. Las causas de raíz pueden variar. Puedes estar hambriento, cansado o incluso aburrido.

Cualquiera que sea el motivo, debes lidiar con él en consecuencia.

Cuando cuestionas tus pensamientos negativos, te haces aterrizar. Te vuelves sensato y obtienes una perspectiva más sensata. Te das cuenta de que experimentar la negatividad no borra el hecho de que la positividad aún existe.

Reemplaza negatividad con positividad.

Mira a tu alrededor. ¿Que ves? ¿Qué permites dentro de tu mente? Cualquiera que sea tu respuesta, tiene un gran efecto en tu vida. Por lo tanto, debes ser consciente de los pensamientos que permites dentro de tu mente.

Pregúntate acerca de las tres principales fuentes de negatividad que tienes. La respuesta puede corresponder a personas, música, redes sociales, etc. Luego, debes cuestionarte sobre lo que puedes hacer para disminuir la cantidad de tiempo que dedicas a estas fuentes de negatividad.

Haz un punto para dar seguimiento a esto. Dedica menos tiempo a tus fuentes de negatividad y más tiempo a tus fuentes de positividad. Siempre es una mejor idea ir con lo positivo.

Abstente de convertir un grano de arena en una montaña

Para evitar que pensamientos negativos crezcan dentro de tu mente, debes enfrentarlos lo antes posible. No permitas que las cosas negativas empeoren. Puedes alejarte de ellos preguntándote si tus problemas actuales seguirán siendo importantes durante varias semanas, meses o años a partir de ahora. Te darás cuenta de que en realidad no son nada. Abstente de convertir esos granos de arena de negatividad en montañas de negatividad.

Libera tus pensamientos negativos y habla sobre ellos.

A veces, dejar las cosas y hablar sobre ellas es la mejor solución para un problema. Si mantienes tus pensamientos negativos dentro de tu mente, crecerán. Por lo tanto, debes liberarlos. Puedes hablar con un amigo o terapeuta. Expresarte acerca de los problemas que tienes dentro de ti puede ayudarte a descargar la carga que sientes. También puede ayudarte a cambiar tu perspectiva sobre tu situación y te alienta a buscar soluciones factibles o cursos de acción.

Vive tu vida y luego vuelve al momento.

Si te encuentras empezando a albergar pensamientos negativos, podrías estar recordando un evento pasado o anticipando uno futuro. Tus estados de ánimo pueden ser confusos y tus pensamientos preocupantes.

Para deshacerte de tales pensamientos, debes concentrarte completamente en el momento presente. Ten en cuenta lo que está sucediendo a tu derecha en ese momento. Cuando te concentres en el presente, serás más abierto de mente y menos propenso a involucrarte en pensamientos negativos.

Una forma de animarte a enfocarte en tu momento presente es concentrarte en tu respiración. Haz una pausa de uno o dos minutos y luego respira profundamente. Cuando inhalas, el aire debe entrar por la nariz y llenar tu vientre. Entonces, debería salir por la boca. A medida que inhalas y exhalas repetidamente, tienes que concentrarte solo en el aire que entra y sale del cuerpo. No pienses en nada más durante este tiempo.

Otra forma ideal de cómo puedes concentrarte en tu momento presente es observar lo que te rodea y concentrarte en las cosas que ves. Tómate un descanso de uno a dos minutos, saca tus pensamientos de la mente y luego concéntrate en las cosas que ves a tu alrededor. También puedes concentrarte en los transeúntes, los pájaros, los árboles, las nubes, el calor del sol en tu piel, el olor del pan recién horneado o incluso el ruido del tráfico en las calles.

Ve al gimnasio para una sesión de entrenamiento rápido.

El ejercicio te brinda endorfinas, que son sustancias químicas naturales que te pueden hacer más feliz. Cada vez que te sientas mal, deberías hacer ejercicio. Si tienes un horario agitado y no puedes permitirte una media hora de ejercicio, simplemente puedes hacer de diez a quince minutos.

Lo importante es que lo hiciste. No importa cuánto tiempo haces ejercicio, siempre que lo hagas. Además, entrenar te ayuda a distraerte de tus pensamientos negativos. Te ayuda a lograr el enfoque e incluso puede alentarte a albergar pensamientos positivos.

No permitas que tus pensamientos negativos te derroten.

Mucha gente comete el error de dejar que sus miedos se lleven lo mejor de ellos. Si tú eres una de estas personas, puedes optar por huir de tus problemas en lugar de enfrentarlos. Puedes tener el impulso de evitar tus miedos, pero debes comprender que pueden empeorar si no los tratas adecuadamente.

Una forma de lidiar con una situación como esta es preguntarte sobre el peor caso posible que pueda suceder. Eventualmente, te darás cuenta de que el peor de los casos no es tan malo. También se te pedirá que tomes medidas y reduzcas la posibilidad de que realmente ocurra. Cuando hagas esto, tendrás claridad y tu temor disminuirá.

Intenta ayudar a otras personas a alcanzar la positividad en sus vidas.

Si te permites estar atascado con tus patrones de pensamiento negativo, no mejorarás ni crecerás como persona. Por lo tanto, tienes que salir de tu cabeza. No te permitas tener una mentalidad de víctima. Redirige tu energía a la positividad. Intenta ayudar a otros. Cuando hagas esto, te sentirás mejor y serás más optimista. Puedes ayudar a otra persona a obtener positividad en su vida siendo amable, escuchándola y diciendo cosas buenas sobre ella. Es importante ser genuino.

Practica la gratitud y agradece todo lo que tienes.

Cuando te sientes agradecido por las pequeñas cosas que tienes, te vuelves más agradecido por las cosas más grandes que recibes. También te abres a más bendiciones. A menudo, las personas quedan tan atrapadas en su día a día que se olvidan de apreciar las cosas maravillosas que tienen a su alrededor.

Cada mañana haz un esfuerzo para notar las bendiciones que tienes, como la luz del sol, el agua, la comida, el aire, etc. Tiendes a descuidar estas cosas porque estás acostumbrado a tenerlas diariamente. Imagina tu vida sin ellas y te sorprendería lo mucho que realmente las necesitas. Cuando te sientes agradecido por tus bendiciones, recibes más cosas buenas.

Programación Neuro-Lingüistica

Programación Neuro-Lingüistica (PNL) involucra neurología, lenguaje y programación –los tres componentes más influyentes que producen la experiencia humana. Es una epistemología o una escuela de pensamiento pragmática que aborda cuestiones relacionadas con la naturaleza humana.

Se centra en dos presuposiciones: la vida y la mente son procesos sistemáticos, lo que significa que tu cuerpo, el universo y las sociedades forman todos sistemas y subsistemas complejos que influyen mutuamente e interactúan entre sí; y el mapa no es el territorio, lo que significa que puedes tener tu propia percepción de la realidad, pero no puedes realmente saberlo porque eres solo humano.

PNL ofrece formas sobre cómo puedes alterar tus patrones de pensamiento. Puede ayudarte a cambiar tu forma de pensar, acercarte a tu vida y ver los eventos de tu pasado. Es eficiente y práctico. Puede ayudarte a controlar tu mente y tu vida en general. Sin embargo, a diferencia del psicoanálisis, no se enfoca en 'por qué' sino en 'cómo'.

El principio principal detrás de la PNL es que, aunque no puedes controlar todos los aspectos de tu vida, aún puedes controlar tu forma de pensar y actuar en diversas situaciones. Ciertos factores externos están fuera de tu control, como accidentes, muerte y relaciones fallidas. Depende de ti cómo los percibirás. Es realmente lo que pasa en tu cabeza lo que importa.

Ten en cuenta que tus sentimientos y pensamientos no son ni cosas que *tienes* o *eres*, sino más bien lo que haces. Por lo general, sus causas son complicadas e incluso pueden incluir creencias o comentarios de otras personas. A través de la PNL, puedes aprender a controlar estas influencias y creencias. También puedes aprender cómo superar tus mayores temores y fobias.

Los siguientes métodos se deben hacer para disminuir el desorden mental:

Disociación

Las emociones pueden afectar grandemente las acciones de uno. Puedes molestarte, enojarte o estresarte en un instante, provocando que hagas cosas sin pensarlo bien. Por ejemplo, cuando alguien te molesta, puedes responder diciendo palabras hirientes o vengarte.

Con la PNL, puedes aprender a neutralizar tus emociones negativas al ver las situaciones de una manera objetiva. Esto te permite ser más razonable.

Para practicar la técnica de disociación, debes identificar la emoción que deseas eliminar. Esto puede ser miedo, intranquilidad o aversión hacia cierta persona, objeto, evento o ubicación

Visualízate estando en esta situación desde el principio. Sin embargo, en lugar de verte a ti mismo como el participante principal, debes verte como un mero observador.

Reproduce el escenario hacia atrás y luego avanza y retrocede de nuevo en tu cabeza, como si estuvieras viendo una película en la pantalla grande. Puedes agregar música para un efecto más dramático. Elige algo divertido y ligero para que también te sientas más ligero. Repite este paso de tres a cuatro veces más.

Luego, visualiza el evento como algo que ocurre en el presente. Observa tus emociones hacia los estímulos que cambian o desaparecen. Si todavía tienes las mismas emociones negativas que antes, debes seguir haciendo este ejercicio hasta que tus emociones negativas desaparezcan por completo.

Reformulación del Contenido

Cada vez que te encuentres estancado en una situación en la que te sientas enojado o impotente, puedes intentar reformulando el contenido. Puede ayudarte a cambiar la forma en que percibes tu situación actual, para que puedas verla en un marco diferente o de una manera más poderosa.

Para ayudarte a comprender mejor la reformulación del contenido, considera este escenario: acabas de dejar el trabajo. No tienes trabajo. Si lo piensas, muchas cosas pueden salir mal en esta situación. No tienes más fuentes de ingresos, por lo que eventualmente agotarás tu cuenta bancaria. Cuando agotes todos tus ahorros, no podrás pagar el alquiler, comprar alimentos y viajar diariamente. Te quedarás sin hogar, estarás en riesgo de enfermedades o incluso morirás de hambre.

Por otra parte, también puedes ver la misma situación en un contexto diferente. ¿Cómo puedes hacer esto? En lugar de ir con el resultado negativo, debes ir con la posibilidad positiva.

Como ya no tienes este trabajo, ahora tiene más tiempo para concentrarte en lo que deseas y explorar diferentes áreas de especialización. Puedes desarrollar más habilidades y perfeccionar tus talentos. También puede ser una oportunidad de aprendizaje. A través de tus errores, puedes obtener mejores decisiones y encontrar formas de mejorar tu trabajo.

Tener este tipo de adversidad también puede hacerte más fuerte. Has experimentado el fondo, por lo que ahora deberías estar más motivado para volver a subir. En diez años a partir de ahora, puedes mirar hacia atrás en esta experiencia y sentirte mucho mejor porque has recorrido un largo camino.

Siempre puedes replantear tu contenido. Puedes cambiar la forma en que ves las situaciones y alejas tu enfoque de la negatividad. Esto te permite ver la situación de una manera completamente diferente. Cuando te enfocas en lo positivo, es más fácil llegar a decisiones mejores y más razonables.

Abstente de entrar en pánico e imaginar pensamientos basados en el miedo porque esto solo te causará problemas más profundos y más fallas. Recuerda que cada situación tiene puntos buenos y malos. En lugar de enfocarte en lo malo, debes enfocarte en lo bueno.

Auto-Anclaje

En el PNL, el autoanclaje se usa para obtener una respuesta emocional a las palabras dichas o acciones realizadas.

Por ejemplo, las personas pueden sonreír inconscientemente cuando tocan su hombro. Una niña puede responder en estado de shock cuando le tiran del cabello. Es posible cambiar instantáneamente la forma en que te sientes. Cuando estés enojado, molesto o inseguro, no te preocupes porque ese sentimiento negativo puede desaparecer rápidamente. Solo tienes que anclar una respuesta emocional positiva y disparar esta ancla cada vez que comienzas a sentir la emoción negativa.

Determina el estado que deseas experimentar, ya sea la felicidad, la emoción, etc. Haz todo lo que puedas para alcanzar ese estado en particular. Tu lenguaje corporal puede hacer maravillas. Intenta sentarte derecho, sonriendo o haciendo una pose de poder. También puedes intentar recordar un momento feliz.

Una vez que llegues a ese estado, visualiza un círculo de humo frente a ti. Entonces, imagínate entrando en ese círculo y sintiéndote bien. Mantén esta visualización hasta que sientas que la energía positiva fluye dentro de tu cuerpo.

Ahora es el momento de salir del círculo. Imagina que sales y piensas en otra cosa. El propósito de esto es tener una emoción diferente. Deberías sentir algo más que no esté relacionado con tu antiguo yo.

Después de un tiempo, imagina que regresas al círculo. Observa cómo respondes a este movimiento. Si sientes la misma emoción que cuando entraste al círculo, entonces sabes que la técnica ha funcionado.

Compenetración

Es importante establecer una buena relación con los demás. Es vital no solo para tener éxito en la vida sino también para obtener tranquilidad y deshacerse del desorden mental.

Puedes seguir los patrones de respiración o reflejar los idiomas del cuerpo de otras personas. Intenta ser tan natural como puedas. También puedes usar las mismas palabras que usan. Asegúrate de ser discreto.

También puedes evaluar tu percepción sensorial primaria, ya sea auditiva o kinestésica. Entonces, puedes usar esa misma percepción tú mismo. Puedes prestar atención a la elección de palabras o simplemente hablar con ellos.

Puedes decir que la percepción sensorial primaria de una persona es auditiva si esa persona hace uso de palabras o frases como "Te estoy escuchando",

"Te escucho" o "Tiene una voz fuerte". En realidad, es fácil determinar la percepción sensorial primaria. Es auditivo si se trata de ruido y sonido.

Por otro lado, puedes decir que la percepción sensorial primaria de una persona es visual si usa palabras o frases como "Tienes un futuro brillante", "Mi visión es muy clara", o "Ya veo lo que quieres decir". En esencia, la percepción sensorial primaria es visual si involucra oscuridad, brillo, destello o cualquier otro elemento que pueda verse.

Una persona tiene una percepción sensorial primaria kinestésica si usa palabras o frases como "Tiene un ambiente agradable", "No me siento bien al respecto" o "Tengo un buen presentimiento sobre esto". La percepción sensorial primaria es kinestésica si implica tacto, calor, frescura o cualquier otro elemento que se pueda sentir.

Cambiando Creencias

Cualquier cosa en lo que creas eventualmente se hará realidad. Esto es lo que dice la Ley de Atracción, una de las leyes universales. Cualquier cosa en la que pienses constantemente y lo que sea que creas con todo tu corazón puede ocurrir eventualmente.

Si tienes creencias positivas, entonces puedes ver un futuro brillante por delante de ti. Por el contrario, si sigues albergando creencias negativas y limitantes, siempre puedes experimentar contratiempos y otros eventos desafortunados.

Existen tres tipos fundamentales de creencias limitantes, y estas son creencias sobre el significado, las creencias sobre la causa y las creencias sobre la identidad. Cada una de estas creencias puede influir en la forma en que percibes el mundo. También pueden afectar la manera en que filtras partes de la realidad que no encajan con tu sistema de creencias. En realidad, son tus creencias las que le permiten experimentar la conciencia con respecto a los diferentes aspectos de la realidad que armonizan con ellas.

Tus creencias son poderosas ya que pueden determinar las experiencias que tendrás en tu vida. Se desarrollan cuando encuentras algo que se relaciona con tus experiencias. Por ejemplo, puede experimentar algo malo o dañino. Depende de ti cómo lo manejarás.

Puedes dejar que consuma todo tu ser o aprender de él y seguir con tu vida. Cualquiera que sea la opción que elijas; lo más probable es que atraigas las mismas experiencias. Estas experiencias, entonces, reafirmarán la rectitud que tienes sobre estas situaciones.

Si es posible ir directamente a la reformulación de contenido, entonces ya no formarás tales creencias en primer lugar. Tristemente, muchas personas tienden a detenerse en la experiencia negativa. Esto hace que tengan experiencias negativas similares. Lo peor es que no se dan cuenta de la conexión y se sorprenden cuando continúan experimentando negatividad en sus vidas.

Es importante darse cuenta de que las situaciones no son malas ni buenas. Es solo la forma en que los ves lo que los hace malos o buenos. Si eliges verlos como algo negativo, entonces formarás una creencia negativa o limitante que hace que tengas las mismas experiencias que afirman esa creencia negativa. Si continúas haciendo esto, tus creencias negativas se profundizarán y empeorarán con el tiempo.

Si te enfocas en lo negativo, filtras tus experiencias, haciendo que repitas tus creencias negativas. Por ejemplo, acabas de salir de una relación abusiva. Tu ex pareja te engañó y te trató mal. Obviamente, esta experiencia ha tenido un gran efecto en ti.

Por otra parte, ¿aprenderías de ello y harías lo posible para evitar cometer los mismos errores o comenzarías a creer que todos los hombres son mentirosos, tramposos y malas personas? Si eliges lo último, entonces ya has formado una creencia limitante, que no es saludable para ti.

Para cambiar creencias limitantes, debes adquirir más datos sobre situaciones. No ignores los hechos positivos centrándote exclusivamente en lo negativo. Cuando veas aspectos negativos, velos de una manera racional y descubre si realmente son hechos que son verídicos.

Otra forma de eliminar tus creencias negativas es pasar unos minutos cada día afirmando una creencia totalmente diferente. Cinco minutos por cada nueva creencia es suficiente si tienes un día ocupado.

Deberías hacer esto en un lugar tranquilo y sin distracciones. Concéntrate en tu afirmación y abstenerte de tener otros pensamientos. Controla tu mente para que no te imagines algo innecesario. Concéntrate en las palabras para que puedas entender completamente lo que significan.

Este ejercicio es efectivo porque te permite hipnotizarte ligeramente. Solo te enfocas en una cosa. La hipnosis inducida hace que muevas directamente todas tus creencias a tu mente subconsciente.

Algunas personas piensan que es su mente consciente la que manifiesta los pensamientos en la realidad. Lo que no saben es que es su mente subconsciente lo que hace que esto suceda. Idealmente, debes practicar esta técnica todos los días durante treinta días. Cada día, notarás un ligero cambio hasta que eventualmente, reflejarás tus nuevas creencias.

Capítulo 8: Elige Vivir Sin Negatividad

Actualmente, después de ese segmento de establecerse sobre la elección correcta, confío en que todos podamos estar de acuerdo en que una de las decisiones más morales que debemos tomar en nuestras vidas es deshacernos de las consideraciones y emociones negativas.

El razonamiento negativo puede tener un efecto significativamente ruinoso en todas las partes de nuestras vidas. Nunca es genial. Cuando te sientes atraído por este ejemplo de razonamiento negativo, estás construyendo una cárcel en tu propia personalidad especial, reteniéndote como el detenido.

Muchas personas intentan enfoques separados para salir de sus diseños negativos de ideas, solo para flagelarse y agravarlo. En caso de que estés batallando con un razonamiento negativo, es posible cambiar las cosas y desarrollar la paz y la satisfacción interna.

En cualquier caso, en un principio, ¡te debes someter! Debes entregarte y trabajar duro para expulsar las reflexiones negativas y para lograr un extraordinario nivel de satisfacción que permanecerá hasta lo que está por venir.

Aquí están las cuatro claves para liberarte del pesimismo para siempre:

Percibe tus patrones de pensamiento negativos

Los diseños de ideas negativas son consideraciones tediosas e inútiles. No tienen ninguna razón genuina, sino para influenciarte a tener sentimientos negativos, por ejemplo, la indignación o tristeza.

Cuando descubras cómo percibir y distinguir estos diseños negativos de ideas a medida que suceden, puedes comenzar a definir una opción con respecto a cómo responder.

Alejarse de los pensadores negativos

Las personas que están influenciadas por reflexiones negativas se sienten miserables sobre la base de que no se dan cuenta de qué hacer. Puede parecer que hay respuestas insuficientes para enfrentar tus problemas, para permitirte prepararte para el futuro y gestionar las circunstancias particulares.

Entonces, ¿cómo viajarías en el transcurso de los días de una manera que es astuta y honesta a la bondad sin quedar inundado en estas contemplaciones críticas? Considerando todo, ¡deberías mirar tus contemplaciones! Para terminar notablemente libre de antagonismo, debes tener más en cuenta tus contemplaciones y lo que pones en tu cerebro. Comienza a prestar más atención a lo que está sucediendo dentro de tu psique en cualquier momento dado.

Particularmente, pon toda tu consideración lejos del razonamiento negativo que pueda surgir. En el caso de que veas algo que te encolerice o te estrese, ¡haz lo mejor que puedas para desentrañarlo antes de que se convierta en un problema! Conviértete en un espectador consciente de lo que sucede en tu condición interna.

Cada vez que tu atención hacia adentro se transmita a un diseño de idea negativa, simplemente te asalte y te convenza de que desarrolle tu cerebro en esa capacidad. Simplemente adelántate y comprueba si puedes ubicar estas meditaciones negativas cuando surgen antes de que se capten excesivamente impuestas. En caso de que no puedas ubicar estos pensamientos opuestos para empezar, en ese momento tendrás otra oportunidad para ponerte considerablemente más consciente de ellos y reaccionar con reflexiones positivas. Por ejemplo, cuando un sentimiento negativo se convierte en un factor integral, puedes redirigir tu consideración hacia las suposiciones de energía que están siendo producidas por tales pensamientos.

Termina notablemente más consciente

Cuando tienes consideraciones negativas, se desplazan por debajo de dos títulos. El principal gira al pasado; te ayudan a recordar tus resbalones, obstrucciones, culpas y cualquier cosa en tu vida que no salió como tú quisiste. El segundo es el estrés constante sin límites, y te hace temer lo que posiblemente te pueda pasar a ti o a los demás.

Lo sabremos más adelante en este libro, sin embargo, estas tensiones constantes pueden aparecer como la preocupación de si lograrás objetivos singulares o la inquietud sobre la seguridad de tus fondos o conexiones. O, por otro lado, posiblemente te estreses por parecer viejo. Para superar estos diseños de ideas críticas, tu mente necesita prestar atención al pasado o al futuro.

Para terminar completamente más alerta y listo para avanzar en este ejemplo de razonamiento de estrés, tensión y temor; deberías desviar tu consideración y contemplaciones hacia el sin más preámbulos. Dale a tu minuto presente todo tu enfoque completo.

Elige pensamientos constructivos sobre pensamientos destructivos

De esta manera, ahora que acumulaste una atención interna hacia adentro puedes elegir intencionalmente cambiar tu razonamiento con el objetivo de que sea útil en lugar de ruinoso. Estar seguro es una decisión. Ser negativo es, además, una decisión.

Cuando te permites pensar productivamente, te permites estar contento cuando las cosas van bien o cuando las cosas están saliendo mal. Cuando aceptas de forma útil, coloca los problemas en el punto de vista y, para todos los efectos, manéjalos.

Expulsarse del antagonismo no ocurrirá de inmediato. Debes practicar y practicar para mostrar signos de mejora en ello. Cuanto más desarrolles esta atención en tus diseños de ideas, más podrás utilizar tu cerebro para desarrollar la alegría. Para evacuar el desorden mental, solo tienes que intensificar con respecto a expulsarlos y deliberarte más.

Capítulo 9: ¿Por Qué Organizar Tu Mente?

Una de las razones más importantes por las que deseas distraer tu mente es porque ya está jugando un papel negativo en tu vida. Es posible que experimentes su efecto en este momento y que desees hacer algo al respecto.

La mayoría de los recursos disponibles que encontramos en línea y en forma impresa cuando buscamos ayuda nos indican cómo lidiar con los efectos de una mente desordenada. Esto es como la medicina tradicional hoy en día, que utiliza el tratamiento para tratar los síntomas y no con lo que está causando los síntomas.

Todos estos consejos tienen un punto válido. Pero al final, si miras detenidamente el panorama general, tienes que admitir que falta algo. No importa cuánto lo intentes y tengas éxito en abordar los síntomas que se derivan de una mente desordenada, tendrás que abordar el problema central al que te enfrentas eventualmente. Tu razón se está volviendo lenta y constantemente en tu enemiga: el desorden se arrastra, paso a paso, y solo al darte cuenta y revertir este proceso podrás poner fin a esta espiral de infelicidad.

Los beneficios derivados de lidiar con la causa en lugar de los efectos son enormes.

Ser eficiente

Es difícil no darse cuenta de que muchos de nosotros que tratamos de enfrentar los problemas a los que nos enfrentamos en nuestra vida cotidiana tenemos cantidades limitadas de energía para gastar. Todos debemos ser productivos, mantenernos sanos, cuidar a los demás que dependen de nosotros para su bienestar; y al mismo tiempo, tenemos un trabajo o estamos buscando trabajo, somos parte de una familia o una relación, tenemos nuestros sueños, deseos y necesidades.

Surge la pregunta obvia: ¿vale la pena luchar para enfrentar nuestros problemas de tal manera que gastamos una gran cantidad de tiempo y recursos? ¿Esta lucha termina finalmente?

¿Somos eficientes? Me temo que la respuesta honesta no es positiva.

Circulo Vicioso

Como mencioné antes, la mayoría de los recursos que están disponibles para quienes luchan por lograr la felicidad en sus vidas se limitan a lidiar con los síntomas y no con la causa. Además, podemos observar un patrón que se desarrolla. ¿Cómo es eso?

Cuando abordamos un problema que causa angustia al abordar el problema en sí mismo, no solo perdemos la perspectiva, sino que entramos en un realidad que requiere mucho esfuerzo y energía y nos da la ilusión de que estamos avanzando hacia nuestro objetivo. Después de lidiar con la ansiedad social al hacer nuevos amigos, se presenta el siguiente tema, ya que hemos gastado mucho dinero y tiempo y ahora nos sentimos inseguros y estresados por nuestro costo en la vida cotidiana. Si trabajamos más para cubrir esos nuevos gastos, terminamos estresados, cansados, incapaces de mantener las relaciones que acabamos de desarrollar y, por lo tanto, obtenemos una nueva forma de ansiedad social. Y lo que es peor, nos sentimos decepcionados, y nos culpamos por eso.

Detente. Da un paso atrás. Organiza de tu mente.

Simplemente no sabemos que podría hacerse con poco esfuerzo. No tenemos idea de que estamos cerca de la solución, ya que no estamos examinando los obstáculos correctos. Los siguientes capítulos pondrán las cosas en perspectiva y tratarán aspectos más detallados del concepto central. Por ahora, ten en cuenta que casi nadie puede hacer esto por sí mismo. El conocimiento es poder, pero al mismo tiempo, el aprendizaje se comparte y se acumula no como individuos limitados, sino como una mente colectiva que mejora continuamente.

Por ahora, ya sientes la respuesta a la pregunta "¿Por qué organizar tu mente?". Entonces, participemos en la construcción de toda la perspectiva.

Cuando despejas el desorden mental y sus síntomas, puede hacerte sentir como si estuvieras **pelando cebollas.**

Imagínate a ti mismo tratando de pelar todas las capas de la cebolla para que puedas llegar al núcleo. Esto es lo que la limpieza hace a tu mente. Deshace todos tus pensamientos e ideas. Pelas lo que tus pensamientos desordenados te hicieron creer para llegar a tu verdad.

Todos hemos experimentado momentos de profundo amor, paz, conexión y claridad una vez que todas las capas se despegan. Estos momentos ocurren cuando la mente ya está libre de desorden.

De todos modos, antes de aprender sobre los ejercicios que eliminan el pensamiento negativo, debes comprender la razón por la que tienes esos pensamientos. Las siguientes son las causas más comunes de confusión mental: Estrés Diario

Demasiado estrés es la razón principal por la cual muchas personas se sienten abrumadas. De hecho, el estrés causado por la sobrecarga de información, las innumerables opciones y el desorden físico pueden desencadenar diversos problemas de salud mental, como depresión, ansiedad y ataques de pánico.

Capítulo 10: ¿Cómo las Mentes se Vuelven Desordenadas?

Entonces, ¿cómo se llenan nuestros cerebros? Bueno, todos tienen amontonamiento acumulado en sus mentes. En este capítulo, repasaremos algunas de las razones por las cuales tu cerebro se llena de pensamientos negativos. Abordaremos formas de evitar el desorden y analizaremos una de las formas más comunes de romper el desorden: vivir una vida más simple.

Como ya nos decidimos, la mejor manera de ordenar tu mente es informarte sobre por qué tu cerebro está desordenado en primer lugar. En otras palabras, una de las principales razones por las cuales las personas tienen tanta energía negativa es porque carecen de conocimiento sobre el desorden cerebral. La mayoría de la población no sabe qué es la confusión y la explica como algo completamente diferente, culpando ya sea al contexto, a otros o a sí mismos.

El mecanismo que atesta nuestra mente está alimentado por nuestra incertidumbre y nuestras convenciones sociales. Vivimos en una sociedad que elogia el individualismo, el éxito, la fuerza y la determinación.

Cuando enfrentamos obstáculos para lograrlos, el desorden comienza a formarse. Pero, ¿hay alguna manera de evitar que ocurra en primer lugar?

Hay buenas noticias y malas noticias. La buena noticia es que ser consciente de sí mismo y tener una visión más relajada de las cosas puede prevenir positivamente el inicio del proceso de agrupamiento. La mala noticia es que mantenerse confiado y cómodo, sin estrés sobre cosas pequeñas e insignificantes, es prácticamente imposible hoy en día.

Como dijimos antes, hay muchas similitudes entre el desorden y una enfermedad común que afecta a nuestro cuerpo. Como es el caso con la condición prevalente, para prevenir, tenemos que cuidar de nuestros cuerpos, para evitar exponernos a influencias malignas. Es seguro decir que la mente sigue el mismo patrón. Para evitar el desorden, no deberíamos probar a tener malos hábitos, estrés, estímulos fuertes, sobrecarga de información. Suena bastante bien, pero es difícil.

No hay forma de que podamos pasar por la vida sin interactuar con lo que nos depara el tiempo presente. A menos que desde el principio decidamos aislarnos de todo lo que es humano y social, convertirnos en monjes o tomar el camino del ascetismo, es evidente que tenemos que enfrentar los desafíos y no huir de ello.

Yendo aún más allá con la comparación, un cuerpo que quiere prevenir malestares y enfermedades no puede simplemente huir de los patógenos, aislarse de cualquier posible daño. Eso lograría los resultados opuestos: nuestro sistema inmune no se formaría, nos debilitaríamos y estaríamos más expuestos a enfermarnos. Lo mismo se puede aplicar a nuestra mente. Nunca es una solución mantenerse alejado, e incluso si se toman algunas precauciones, vivir la vida al máximo es la forma de hacerlo. ¿Qué pasa si todos nosotros elegimos alejarnos, huir el uno del otro y aislarnos? Difícil de imaginar, ¿no?

Todos sabemos que cuando nos enamoramos, por ejemplo, hay un gran riesgo de que el amor eventualmente cause sufrimiento. Pero eso nunca detuvo a nadie de buscar amor. Conocemos el precio, y estamos felices de pagarlo. Es parte de nuestra existencia, por lo que ni siquiera lo cuestionamos.

Lo mismo se aplica a nuestra mente y al riesgo de desorden. Prevenir la formación de tal desorden es una posibilidad definida, pero actuar sobre lo que revela nuestra inmensa, compleja y bella alma no es discutible. No podemos simplemente poner la mitad de nuestro cerebro en pausa. No sería justo; no beneficiaría a nadie. Por lo tanto, solo podemos confiar en estar a la altura de las cosas, estar informados y acceder al conocimiento que podría evitar el avance del desorden, mientras que al mismo tiempo disfrutamos de la amplia gama de posibilidades que se derivan de ello.

Simplificando Tu Vida para alcanzar la felicidad

Una de las cosas más divertidas relacionadas con el acto de simplificar nuestras vidas es que este es un esfuerzo realmente complejo y complicado. Paradójico, ¿verdad? ¿Cómo se puede simplificar algo que puede confundirse? Bueno, cualquiera que haya probado esto sabe exactamente lo difícil y nada simple que puede ser.

El nuevo milenio trajo a nuestras vidas una sensación de tiempo que se está escapando rápidamente de nosotros, una cantidad infinita de conocimiento que nos bombardea de diferentes fuentes.

Aunque es difícil decir que estos logros científicos y sociales son perjudiciales, ya que no sería justo, es totalmente apropiado dar un paso atrás y volver a pensar. ¿Los desarrollos de los que nos beneficiamos hoy están directamente conectados con nuestro nivel de felicidad? O, por el contrario, tienden a obstaculizar el logro de la serenidad, la alegría y la felicidad.

Simplificar nuestras vidas no significa hacerlo miserable, o aislarnos de las delicias de la sociedad moderna. En cambio, podría sugerir llegar a hacer una cuidadosa selección y filtrado de lo que nos enriquece. Una vez que nos damos cuenta de eso, siendo honestos con nosotros mismos, podríamos comenzar a enfocarnos en eso y dejar todas las actividades secundarias perjudiciales fuera de nuestro horizonte.

Desafortunadamente, esto es mucho más fácil decirlo que hacerlo.

Capítulo 11: Tipos de Desorden Mental

El desorden mental ocupa mucho espacio en tu cerebro, lo que hace que sea más difícil pensar en las decisiones y disfrutar de la vida. Si lo permitimos, la confusión psicológica se moverá y se sumergirá permanentemente dentro de nuestras mentes, desarrollando un patrón que resultará en una absorción total de nuestra energía y salud espiritual. Nuestra firme creencia es que con solo un poco de trabajo, todos podemos encontrar una forma de limpiar nuestras mentes y seguir adelante. Pero primero, debemos explorar los tipos de desorden mental que existen, de modo que nos damos cuenta y podemos detectarlos cuando surjan. Mientras más rápido detectemos algunos síntomas, mejor:

Estos son los tipos de desorden mental que pueden ser increíblemente dañinos a largo plazo:

Preocupación

Preocuparse nunca es bueno. De hecho, es completamente improductivo. Y en algunos niveles, creemos que a través de la preocupación podemos evitar que se desarrollen eventos específicos y que podamos controlar nuestro futuro. Sin embargo, depende de nosotros actuar en las situaciones que surjan. La capacidad de nuestras mentes para proyectarse hacia el futuro es una habilidad fantástica. Al igual que la posibilidad de recordar el pasado y aprender de él. Sin embargo, hay una trampa: cuando imaginamos el futuro, lo hacemos no mediante un análisis racional de hechos e información, sino que mezclamos emociones, sentimientos, miedo e incertidumbre. Por lo tanto, lo que sea que nos depare el futuro se convierte en un obstáculo en nuestro momento presente.

La preocupación es la forma más común de desorden, ya que bloquea tu mente desde todo tipo de suciedad y deja tu cerebro sin espacio para la creatividad o la resolución de problemas. A pesar de lo poderoso que puede ser un cerebro, positivamente no puede lidiar con la gran variedad de dificultades y problemas que surgen en nuestro camino cotidiano ordinario a lo largo de la vida. No es justo preguntarnos cosas de nosotros mismos o de nuestra mente.

Por otro lado, por difícil que pueda parecer a primera vista, no preocuparse lo suficiente también puede convertirse en un problema y hace espacio para el desorden. La mayoría de nosotros cree que preocuparse es perjudicial y, por lo tanto, se refugian en todo tipo de métodos de escape, ya sea pasando por alto los obstáculos o huyendo de los problemas y circunstancias hacia hábitos destructivos, dependencias, abuso de sustancias o comportamiento caótico. Hablaremos extensamente sobre estos problemas en otro capítulo.

Arrepentimiento

Una de las formas más visibles de desorden es a través del arrepentimiento. Ahora, debes saber que no hay una sola persona exitosa o feliz que nunca haya decidido que lamentó una o más acciones o eventos de su pasado. Todos lloramos algo, y todos cometemos errores. Es parte de lo que nos hace humanos. Sin embargo, depende de nosotros decidir si dejamos que nuestros errores nos definan o si aprenderemos de ellos y avanzaremos hacia nuestro bienestar.

Y, por cierto, no tenemos que repetir nuestros errores. Todos lo escuchamos muchas veces. No repitas tus errores, no te involucres en acciones que siguen un patrón destructivo, y encuentra el poder de cambiar cuando has cometido un error. Todavía es difícil de hacer. Significaría que conjuntamente podemos vivir nuestras vidas y también observarnos a nosotros mismos objetivamente e identificar los puntos débiles para trabajar. Aunque es difícil o parece imposible la mayoría de las veces, es una posibilidad sustancial, una vez que apropiamos nuestra mente y sus trucos. Si reconocemos este hecho, podemos comenzar a ver las decisiones pasadas o los recuerdos que nos inspiran a sentir el arrepentimiento como una oportunidad para aprender y cambiarnos de manera positiva. La decepción siempre es inútil si no produce aprendizaje o cambio personal. Podríamos llamarlo un desperdicio. Nunca podemos cambiar el pasado, pero siempre podemos cambiar el futuro. Podemos tomar decisiones positivas hoy, para evitar futuras decisiones lamentables.

Ya sabes cómo dicen que hay algo bueno sobre cada cosa mala. Este es el caso del arrepentimiento; si mantenemos una mente abierta, el arrepentimiento nos enseñará a aceptar finalmente los errores del pasado como una parte inevitable de la vida y a practicar el arte crítico del perdón.

Culpa

La vida siempre trata de avanzar. Pero pecar nos mantiene en el pasado, generalmente porque reflexionamos sobre lo que deberíamos o no deberíamos haber hecho en ciertas situaciones. Como te puedes imaginar, nuestra mente tiene la capacidad infinita de desarrollar escenarios. Es una historia interminable. Todos hemos estado ahí. ¿Qué hubiera pasado si hubiera dicho eso? Tal vez podría haber cambiado el resultado. El sentimiento de culpa es un fuerte motivador que mantiene nuestra mente enfocada en el pasado. Siempre reevaluando, siempre tratando de absolvernos de cualquier error que hayamos cometido. Estos mecanismos que nuestro cerebro desarrolla para mantenernos seguros y cómodos tarde o temprano pueden tener un gran precio. Si no se aborda con prudencia, después de un tiempo, la culpa puede penetrar en tu cerebro y será casi imposible avanzar. No es realista decir que olvidarás lo que sucedió, pero es posible liberarte el pasado para vivir en el presente.

Auto discurso Negativo

Nuestras creencias con respecto a nosotros mismos, a los demás y al mundo en general pueden tener un profundo impacto en lo que a menudo decimos sobre los demás, nuestras circunstancias y sobre nosotros mismos. Pieza por pieza y paso a paso, lo que creemos influye en lo que decimos y lo que decimos define cómo nos comportamos. Estos sistemas de creencias que construimos para nosotros mismos provienen de muchas experiencias que acumulamos durante nuestra vida. Uno no se convierte simplemente en un hablante negativo en un día; toma años para que tenga lugar esa mentalidad, pero la realidad no es muy alentadora. Muchos de nosotros malinterpretamos las circunstancias de la vida, las fallas, el comportamiento de otras personas y tendemos a asumirlas.

Pero como todos sabemos, el diálogo interno negativo es uno de los peores obstáculos que pueden disminuir nuestra autoestima y dañar a los demás, incluso si sucede de forma indirecta. Cuando declaras audazmente algo como insultante o no muy elogioso contigo mismo, se introduce en tu sistema de creencias y, lenta pero seguramente, se manifestará más adelante en tu vida.

¡La actitud hace la diferencia! Puedes recordar las famosas palabras de uno de los políticos más impresionantes del Reino Unido, Winston Churchill, quien dijo: "La actitud es algo pequeño que hace una gran diferencia". No podríamos estar más de acuerdo. Si pasas por la vida pensando que no eres lo suficientemente bueno, nunca serás lo suficientemente bueno. Es así de simple. Revisa tu vida consciente de ti mismo, pero trata de descubrir todos los cambios que necesitas hacer. No es lo que otros te dicen, sino lo que sientes al respecto. Escríbelos todos. ¿Cuáles son los cambios de vida que debes hacer, como lo piensas en tu núcleo, en tus huesos? Ese es el momento en que estableces el punto fundamental para comenzar.

Capítulo 12: Mantén una mente Despejada

Mientras tu cuerpo reacciona para preocuparte a través de su sistema sensorial, pueden surgir algunos factores estresantes en ciertas circunstancias anticipadas: en tu camino hacia el trabajo, en una reunión con su gerente, o incluso en eventos sociales familiares, por ejemplo. Plantéate lidiar con estos estresores no sorprendentes, o bien cambiar las circunstancias actuales o cambiar la forma en que respondes a ello. Cualquiera que sea la alternativa que decidas seguir, piensa de manera confiable en estas cuatro A: mantente alejado de, ajuste, adaptación o admisión.

Mantente alejado del estrés innecesario

Puede parecer desafortunado mantener una distancia estratégica de una circunstancia angustiante que debe atenderse, aunque sorprendentemente, hay algunos factores estresantes a lo largo de tu vida que puedes eliminar por evasión no adulterada.

Descubre cómo decir "no": conoce tus impedimentos y apégate a ellos. Independientemente de si se trata de tu vida personal o profesional, una fórmula infalible para preocuparse es el punto en el que tomas más de lo que puede manejar. Separa tu "debería" y "debo" y, cuando sea concebible, di "no" para rebelarte del exceso y permanecer en ello.

Mantente alejado de o evita las personas que te preocupan: si alguien es una razón confiable para preocuparte en tu vida, en ese momento restringe la medida del tiempo que pasas con esa persona, o mejor aún, termina la asociación con dicha persona.

Toma el control de tu condición: si la perspectiva de las noticias nocturnas te inquieta, elimina la televisión. En la remota posibilidad de que el atasco de la hora pico te influencie, toma un curso más prolongado pero menos transitado. En la remota posibilidad de ir al mercado es algo que odias y la encuentras como una tarea repulsiva, simplemente haz tus compras de comida en la web.

Cambia la situación

En el caso de que hayas intentado esquivar tanto como puedas una circunstancia desagradable, en ese momento ten la oportunidad de eludirla. Con frecuencia, esto puede incluir cambiar la forma en que conllevas y trabajas cada día.

En lugar de sofocar/empaquetar tus sentimientos, exprésalos. En caso de que algo o alguien que conozcas te moleste, se más decidido y directo con el individuo y transmite tus preocupaciones de forma transparente y consciente. En caso de que tengas un examen o una reunión para contemplar y tu compañero de piso o compañero locuaz haya regresado a tu hogar o haya venido, di de antemano que solo tienes cinco minutos para hablar. En caso de que no expreses tus sentimientos, el odio se fabricará, y la presión aumentará, ya que necesitas centrarte con el examen.

Comprométete con tus temperamentos. Cuando solicites que alguien cambie su conducta, configúrate para hacer lo mismo si es necesario. En el caso de que los dos cedan no menos de un poco, tendrán una oportunidad decente de encontrar un terreno de centro alegre para desempeñarse.

Haz frente a una oportunidad mejor. La mala administración del tiempo sabemos que definitivamente puede causar una gran presión. Sea como sea, en el caso de que diseñes y te asegures de no sobreextenderte más allá de tus puntos de confinamiento, verás que eres menos exigente cuando permaneces callado y concentrado en tus objetivos.

Sé más decisivo y directo. Intenta no asumir una prioridad menor en tu propia vida. Gestiona cada uno de tus problemas de frente y haz todo lo posible para esperar y, además, anticiparlos. Como mencioné antes, en caso de que tengas un examen en el que pensar y tu compañero de piso flexible acaba de regresar a casa, di de antemano que solo tienes cinco minutos para hablar.

Ajústate al factor Estresante

Cómo tus reflexiones pueden afectar profundamente tus sentimientos de ansiedad. Cada vez que te contemplas a ti mismo y las condiciones que te rodean, te hundes más y haces que tu cuerpo responda como si estuvieras en medio de una circunstancia llena de tensión. Recupera tu sensación de control al cambiar tus deseos y tu estado de ánimo ante circunstancias desagradables.

Reformula los problemas. Intenta ver las circunstancias angustiantes desde un punto de vista más positivo. En lugar de enfurecerte por un camino que se convierte en estacionamiento, échale un vistazo como una oportunidad para detenerte y reagruparte, sintonizar tu estación de radio más querida, o apreciar algo de tiempo a solas.

Echa un vistazo a la vista de 10.000 pies. Toma un punto de vista completo de la circunstancia molesta. Pregúntate qué tan vital será a largo plazo. ¿Importará en un mes? ¿Un año? ¿Vale la pena enfurecerse? En caso de que la respuesta adecuada sea no, centra tu oportunidad y vitalidad en otro lugar.

Pregúntate a ti mismo cómo la clave de cambio será a largo plazo. Modifica tus pautas. La compulsividad es una fuente esencial a través de la cual uno puedes estar preocupado. Deja de prepararte para la decepción solicitando impecabilidad independientemente de tu comportamiento. Establece normas razonables y alcanzables para ti y otras personas, y descubre cómo aprobar lo "suficiente".

Reconoce las cosas que no puedes cambiar

Continúa. Intenta no dudar en reconocer las cosas que no puedes cambiar y que no parecen ser variables.

Algunos orígenes del estrés son inevitables. No puedes evitar o cambiar factores estresantes, por ejemplo, el fallecimiento de un amigo o familiar, el evento de una enfermedad grave o incluso un retiro nacional. En estos casos, el enfoque más ideal para adaptarte a la presión es simplemente reconocer las cosas como parecen ser. El reconocimiento puede ser problemático, pero a largo plazo, es más simple que reñir contra una circunstancia que no puedes cambiar.

Trata de no esforzarte por controlar la naturaleza. Tú no eres un Ser Supremo. Numerosas cosas que ocurren en la vida están fuera de nuestra capacidad de control, especialmente la conducta y el estado de ánimo que representan otras personas. En lugar de preocuparte por ellos e intentar transformarlos, concéntrate en las cosas que tienes el control sobre ellas, por ejemplo, la forma en que respondes a estos problemas.

Busca el lado positivo en estas circunstancias. Cuando te enfrentes a grandes dificultades, disecciona y echa un vistazo a ellas como oportunidades para poner recursos en tu auto-mejora. En el caso de que tus malas decisiones ofrecidas asciendan a una circunstancia perturbadora, concéntrate en ellas y aprovecha tus errores.

Descubre cómo disculpar. Reconoce la forma en que vivimos en un mundo manchado y que los individuos se inclinan a cometer un error. Renuncia a toda la indignación y los sentimientos de desdén y simplemente libérate de la vitalidad negativa perdonándoles y prosiguiendo con tu vida.

Practica la especialidad de demostrar aprecio. En el punto en que el trayecto te esté deprimiendo y te esté poniendo de cabeza, haz una pausa por un minuto para pensar en cada una de las cosas que reconoces en tu vida, incluidas tus cualidades y bendiciones positivas. Esta metodología directa puede permitirte mantener las cosas en contexto e influenciarte para ver que todavía estás en camino con tus objetivos de vida.

Capítulo 13: Organizando tus pensamientos

Antes de sumergirnos en las diferentes actividades para sacar tu razonamiento negativo, inicialmente es fundamental comprender por qué tiene estas contemplaciones. En esta línea, en esta área, veremos más de cuatro razones para el desorden mental.

Estrés Diario

Una cantidad exorbitante de estrés es la razón esencial por la que muchas personas se sienten vencidas por la vida. De hecho, el peso generado por la sobrecarga de datos, el desorden físico y las decisiones ilimitadas que se requieren de estas cosas puede desencadenar una variedad de problemas de bienestar emocional como el nerviosismo resumido, los ataques de inmovilización y la tristeza.

Aúne esta preocupación con las auténticas tensiones y preocupaciones a lo largo de tu vida, y puedes terminar con problemas de descanso, tormentos musculares, migrañas, tormentos en el pecho, visitas de enfermedades y problemas estomacales e intestinales.

La Paradoja de la Elección

La flexibilidad de la decisión, algo venerado en los órdenes sociales libres, puede tener un propósito reductor de retorno con respecto al bienestar psicológico. El terapeuta Barry Schwartz escribió el adagio "misterio de decisión", que completa sus descubrimientos de que la decisión expandida provoca más tensión, vacilación, pérdida de movimiento y decepción. Más alternativas pueden administrar el costo de resultados imparcialmente mejores; sin embargo, no te harán sentir optimista.

Demasiadas "Cosas."

Nuestras casas están cargadas con prendas que nunca usamos, libros que no leemos, juguetes que no se usan y dispositivos que no ven la luz del día. Nuestras bandejas de entrada de PC están inundadas. Nuestras áreas de trabajo están desordenadas, y nuestros teléfonos están transmitiendo mensajes como "Se necesita más almacenamiento".

Con este flujo constante de datos y acceso a la innovación, llegar a ser compradores masivos de cosas e información es menos exigente que en cualquier momento de la historia reciente. En un abrir y cerrar de ojos, podemos ordenar cualquier cosa, desde un libro hasta una lancha rápida y hacer que sea llevado a nuestra puerta.

Estamos llenando nuestros hogares con cosas que no necesitamos y llenando nuestra oportunidad con un flujo constante de tweets, actualizaciones, artículos, entradas de blog y grabaciones felinas. Los datos y las cosas se acumulan a nuestro alrededor, pero luego nos sentimos vulnerables a hacer un movimiento.

La mayor parte de este material e información no esencial absorbe nuestra oportunidad y eficiencia, y también produce reflexiones receptivas, de vanguardia y negativas.

Regularmente sentimos que no tenemos espacio en el horario para limpiar a la luz del hecho de que estamos excesivamente activos devorando nuevas cosas y datos. En cualquier caso, tarde o temprano, esta precipitación nos está conduciendo a un agotamiento mental y entusiasta. A medida que procesamos todo lo que nos llega, investigamos, reflexionamos y nos extendemos hasta el límite.

¿Cómo hemos descartado las cualidades y las necesidades de la vida que una vez nos mantuvieron ajustados y racionales? ¿Qué podríamos hacer al respecto? No podemos retroceder en el tiempo y vivir sin innovación. No podemos negar la mayor parte de nuestra pertenencia común y permanecer en una rendición. Necesitamos dar sentido a un enfoque para vivir en este mundo de vanguardia sin perder nuestra solidez racional.

Limpiar nuestras cosas y reducir el tiempo pasado con nuestros dispositivos avanzados ayuda a eliminar una parte de la tensión y el razonamiento negativo. Sin embargo, a pesar de todo, tenemos una gran motivación para perder el sentido de la orientación en el desastre psicológico de una idea negativa, estrés y lamento.

Hacemos hincapié en nuestro bienestar, nuestras ocupaciones, nuestros hijos, la economía, nuestras conexiones, lo que parecemos, lo que otros individuos nos consideran, la guerra psicológica, los problemas gubernamentales, el tormento del pasado y nuestras perspectivas inusuales. Nuestras reflexiones sobre estas cosas nos influyen para padecer y socavar la alegría que podríamos encontrar en este momento, con la remota posibilidad de que no tuviéramos esa voz constante en nuestras cabezas mezclando las cosas.

Inclinación hacia la negatividad

El sistema sensorial humano ha estado avanzando durante 600 millones de años, pero a pesar de todo, reacciona de la misma manera que nuestros progenitores humanos iniciales que enfrentaron circunstancias peligrosas todo el tiempo y requirieron simplemente para sobrevivir.

Meditación

No necesitas ser budista, espiritualista o una piedra preciosa que transmita ex radicales para ensayar la contemplación. Puedes tener un lugar con una profunda confianza religiosa o sin ninguna asociación religiosa para recibir las recompensas de la reflexión y utilizarla como un instrumento para limpiar tu psique.

En el caso de que nunca hayas explorado la contemplación, o no estés familiarizado con ella, es posible que te desanimes sentándote discretamente en la posición de loto y purgando tu psique. En cualquier caso, no permitas que las trivialidades sobre la reflexión sobre los habitantes de la caverna te impidan intentarlo.

La reflexión ha sido pulida durante una gran cantidad de años y comienza en anticuadas costumbres budistas, hindúes y chinas. Hay muchos estilos de prácticas reflexivas, sin embargo, la mayoría de las estrategias comienzan con avances similares: sentarte discretamente, concentrar la consideración en tu respiración y expulsar cualquier desviación que venga de tu dirección.

El objetivo de la contemplación cambia dependiendo del tipo de pensamiento de reflexión y el codiciado resultado del meditador. Para nuestras motivaciones aquí, proponemos la contemplación como un instrumento que te permite preparar tu cerebro y controlar tus reflexiones, tanto cuando estás sentado en reflexión como cuando no.

Las ventajas de reflexión se convierten en tu vida diaria, te ayudan a controlar el estrés y el pensamiento excesivo, y te brindan un gran grupo de ventajas médicas que examinaremos a continuación.

La manera de descubrir la satisfacción con la contemplación solamente es perfeccionarla. Al hacer una responsabilidad diaria con respecto a la reflexión, mejorarás tus habilidades y descubrirás cómo las ventajas psicológicas, físicas y entusiastas aumentan después de un tiempo.

Aquí hay un proceso básico de 11 pasos que puedes usar para fabricar la propensión a la contemplación:

Selecciona un espacio tranquilo para tu meditación de contemplación, donde puedas cerrar el camino para estar totalmente solo.

Decide una hora particular del día para tu entrenamiento. En el caso de que hayas comenzado una práctica de respiración profunda, puedes utilizar esto como tu disparador (y etapa inicial) para tu nueva propensión a la contemplación. O, por otro lado, puedes elegir otro desencadenante y trabajar en la rumia en otro momento del día.

Elige si necesitas reflexionar sentado en un cojín en el piso o en un asiento o sofá de respaldo recto. Haz un esfuerzo para no recostarte mientras piensas, ya que puedes quedarte dormido.

Elimina todas las distracciones y elimina todos los artefactos avanzados o diferentes artilugios que causen conmoción. Expulsa a las mascotas de la habitación.

Tómate 10 minutos.

Siéntate fácilmente en un asiento o piernas cruzadas en el suelo con un cojín. Mantén tu espina erguida y tus manos descansando delicadamente en tu regazo.

Cierra los ojos, o mantenlos abiertos con una mirada descendente centrada, en ese momento respira profunda y purificadamente por la nariz: sugerimos tres o cuatro respiraciones en un momento dado.

Poco a poco terminas notando tu relajación. Observa el aire entrando y saliendo por tus fosas nasales y el ascenso y caída de tu pecho y área del estómago. Permite que tus respiraciones caigan en su lugar fácilmente, sin obligarlas.

Concéntrate en la impresión de respirar, tal vez incluso pensando racionalmente "adentro" al inhalar y “afuera” mientras exhalas.

Tus reflexiones se volverán mucho más importantes y principales. Cada vez que lo hacen, con ternura, déjalos ir y después de eso llega tu consideración con respecto a la impresión de relajación.

Intenta no juzgarte a ti mismo por tener contemplaciones entrometidas. Esa es solo tu "mente de mono" que intenta asumir el control. Solo dirige tu cerebro de vuelta a la consideración concentrada de relajarse. Es posible que debas hacer esto docenas de veces al principio.

A medida que te concentras en la respiración, es probable que notes diferentes reconocimientos y sensaciones como sonidos, molestias físicas, sentimientos, etc. Simplemente infórmalas a medida que surgen en tu atención plena y luego, con ternura, regresa a la energía de la relajación.

Es probable que progresivamente te conviertas en el observador de todos los sonidos, sensaciones, sentimientos y contemplaciones a medida que surgen y desaparecen. Velos tal como los ves desde una separación sin juicio o reflexión privada.

A diferencia de que tu mente tome el control y huya en cualquier momento en que ocurra una idea o diversión, tú, a la larga, obtendrás más energía de tu registro y tu capacidad para desviarla al presente.

Al principio, sentirás que estás en una lucha constante con tu mente de mono. En cualquier caso, con el entrenamiento, no tendrás que desviar tus consideraciones de manera confiable. Las consideraciones comienzan a disminuir normalmente, y tu registro se abre a la tremenda quietud e inmensidad de simplemente estar disponible. Este es un conocimiento realmente tranquilo y satisfactorio.

Los expertos en contemplación aluden a este espacio de quietud como el "agujero": el espacio silencioso entre meditaciones. En primer lugar, el agujero es extremadamente apretado, y es difícil permanecer allí durante más de un par de nanosegundos. A medida que te conviertas en un meditador más perfeccionado, descubrirás que el agujero se abre más extensamente y con la mayor frecuencia posible, y puedes descansar en él para obtener marcos de tiempo más amplios.

Puedes encontrar una captura concisa del espacio entre las contemplaciones al intentar esta actividad: cierra los ojos y comienza a ver tus consideraciones. Solo míralas viajar en todas direcciones por un par de momentos. En ese momento haz la consulta, "¿De dónde se originará mi siguiente idea?" Detente y siéntate firme para la respuesta apropiada. Puedes ver que hay un pequeño agujero en tu razonamiento mientras anticipas la respuesta.

Capítulo 14: Importancia de las Distracciones de Organización que Causan Estrés y Ansiedad

Cuando te desconectas, eliminas las distracciones que encuentras a diario. Estos son los que causan estrés, temores, frustraciones e ira. Cuando luchas con la vida, ya sea en tu trabajo, familia, escuela o religión, debes deshacerte de todas las influencias externas que contribuyen a tus preocupaciones y ansiedad.

Eliminando la Distracción

Muchas personas tienen el deseo de reducir las distracciones, pero no pueden hacerlo porque están llenas de excusas. Su razonamiento puede no estar justificado. Si eres una de estas personas, tu propósito puede no tener tus mejores intenciones en mente y en el fondo.

"Si pierdo mi servicio de telefonía móvil, puede ocurrir una emergencia y no podré contactar a nadie".

"¿Y si alguien necesita contactarme?"

"Si recibo un correo electrónico el fin de semana, tengo que responderlo. De lo contrario, mi jefe pensará que no estoy trabajando".

"Me siento aburrido cuando no tengo nada que hacer".

"Disfruto tener una semana ocupada y tener muchas tareas por hacer".

"Podría perderme ciertas cosas".

Puede ser un desafío deshacerse de las distracciones al principio. Siempre encontrarás una manera de hacer una excusa. Sin embargo, una vez que superas el desamor inicial de desconexión, te darás cuenta de que las circunstancias no son tan malas.

¿Por qué es importante eliminar las distracciones que te hacen estar ansioso?

Deshacerte de las Distracciones te Ayudan a Calmarte. Tu cuerpo no es lo único que se mueve mucho; tu mente también lo hace. Agotas tu mente pensando en tus tareas y labores diarias. Las distracciones que te rodean empeoran las cosas al agotar aún más tu razón. Lo que puedes hacer para rejuvenecer tu mente es rejuvenecer tu cuerpo. Debes tomarte un descanso de **toda** la acción para **evitar colapsar**.

Deshacerse De Las Distracciones Te Ayuda A Enfocarte En Una Cosa A La Vez. Cuando no hay nada que te distraiga, es más fácil concentrarte en lo que está justo frente a ti. Esto podría ser cualquier cosa, desde pasar tiempo con tu familia y amigos hasta escribir un libro para completar un proyecto. Cuando no hay distracción, puedes dedicar todas tus intenciones y esfuerzos a una cosa a la vez.

Deshacerse De Las Distracciones Te Permite Poner Todo En Perspectiva. No todo es un gran problema. Reconoce el hecho de que hay veces en que tiendes a hacer problemas importantes con pequeños problemas. Agregas estrés innecesario a tu día, y es por eso que te sientes aún más ansioso. Cuando te deshaces de las distracciones, puedes ver la vida tal como es, en lugar de lo que crees que es.

Capítulo 15: Invertir en Ti Mismo

¿Qué estás invirtiendo en ti?

¿Qué nota tocas cuando escuchas la palabra contribuir? ¿Significa eso, poner tu efectivo en protección, apoyos comunes, mercados de dinero o incluso especulaciones de alto rendimiento? Otras personas pueden simplemente considerar gastar cuando van a morder el polvo, y no han dejado nada para su posteridad.

¡Muchas personas incluso se ponen enérgicamente en suplementos de bienestar, entrenadores de aptitud física y esteticistas para influir en sí mismos para vivir más, ser más ventajosos o, además, verse más jóvenes! Imagina el plan de gastos de promoción para las organizaciones de magnificencia en estos días.

La ejecución más fundamental y n.° 1 es "poner recursos en ti mismo. En el caso de que no lo hagas, ¿quién más lo hará?

Tus padres solo pondrán recursos en tu instrucción hasta el momento en que salgas de la escuela. Sin embargo, eso es solo las necesidades y no te muestra lecciones significativas sobre el dominio del dinero.

¿Confiarías en las escuelas o universidades para mostrarte cómo beneficiarte? La mayoría de las escuelas solo muestran tus aptitudes, por lo que puedes ganar dinero trabajando para otras personas. ¿Qué hay de la universidad de negocios? Verdaderamente, si los oradores de negocios son tales especialistas en negocios, ¿por qué a pesar de todo hacen frente allí en lugar de hacer una fortuna en los viajes de negocio?

¿Tu supervisor te mostrará cómo prevalecer en los negocios con el objetivo de que algún día tú te encuentres en su posición?

Tú y solo tú debes ser lo suficientemente proactivo para asumir esa responsabilidad.

Cuando pones recursos en ti mismo, esto implica ir en contra de la importancia de instruirte a ti mismo. Trata de no confiar en que el entrenamiento se restringe al sentido académico o especializado, sin embargo, son habilidades importantes que deben producirse a lo largo de la vida cotidiana. Nuestra visión no debe ni debería detenerse en la escuela.

Para la mayoría de los adultos que trabajan, su entrenamiento entra en un acuerdo de impedimento después de que abandonan la escuela. Dejan de aprender, y de esta manera, dejan de desarrollarse.

Nos damos cuenta de que el cociente intelectual es fundamental, ¿verdad? En cualquier caso, ¿por qué razón no son las personas más agudas del planeta las personas más ricas del planeta? ¡Hay numerosos tenedores de libros y organizadores relacionados con el dinero que corren a sus autos cada noche tratando de superar el movimiento después del trabajo! ¡Ellos no son ricos!

Entonces, ¿cómo se hacen los recursos en ti?

Pasea por la tierra de fantasía un poco.

¿Qué es lo que generalmente necesitas para intentar? El presente es una oportunidad ideal para planificar exactamente eso, sea lo que sea. Observa el cielo, levántate media hora más temprano para escribir esa gran novela estadounidense, visita una fascinación cercana por la que en general has estado interesado, pero en la que nunca has hecho una aparición en absoluto.

Deja de lado la oportunidad de lograr algo por lo que durante mucho tiempo has estado ansioso por hacer es un método para demostrarte a ti mismo que TÚ eres esencial. Te sentirás más ardiente y simplemente mejor en todo. Como ese viejo asunto dice: "¡estás justificado, a pesar de todos los problemas!".

Toma otra habilidad.

Verdaderamente, esto podría incluir tomar una clase o tomar otra aptitud. Sea lo que sea, también podría significar una consulta sobre un asunto utilizando libros de la biblioteca, o descargar un podcast francés y ensayar cada día. O, por otro lado, podría significar unirse a un club de tejer para novatos y juntarse en una reunión. Demonios, incluso podría proponer actualmente el intentar mejorar tu puntaje en la diversión más reciente del teléfono celular.

El hecho es explorar nuevos territorios que requieren práctica y esfuerzo. Practicar tu mente ayuda a mantenerla nítida y hace que la vida sea un lío aún más intrigante.

Superar un viejo obstáculo.

En general, tenemos cosas que nos mantienen a raya, que nos protegen de ser la población en general en la que realmente podríamos estar en caso de que resolvamos un problema. Es posible que te estreses constantemente o que seas increíblemente tímido y sin embargo desees tener compañeros. O, de nuevo, tal vez tus registros financieros estén sobregirados constantemente y tú y tu pareja están luchando continuamente por efectivo.

Es la oportunidad ideal para un cambio. Obtener dirección, obtener tratamiento, obtener lo que sea necesario para superar ese viejo obstáculo y superarlo. Es un emprendimiento que estará BIEN justificado, a pesar de todos los problemas.

Sondea Tendencias.

Come bien, descansa lo suficiente y haz ejercicio todos los días. Sondear tendencias te dan la vitalidad para HACER las cosas que necesitas hacer, en lugar de mantenerte corriendo y debilitado. De ninguna manera es como lidiar contigo mismo para mejorar la naturaleza de tu vida.

Ofrécete un respiro.

Por fin, uno de los enfoques más desatendidos al poner recursos en uno mismo es simplemente ofrecerse un respiro de vez en cuando. En caso de que hayas terminado de reservar, por lo general estas preocupado por apresurar todo, dejar algo. No tienes que hacer todo. Como un todo, necesitamos descansos, y tú no eres un caso especial. Los masajes de espalda son extraordinarios, sin embargo, simplemente no hacer nada también es una descanso fenomenal. ¿En este momento cuando fue la última vez que reservaste un día para hacer nada?

Lo opuesto a quedarse después de comenzar a leer detenidamente, sintonizar y asociarse es ejecutar todo lo que has aprendido. Trata de no darles la oportunidad a estas tareas de amenazarlo y comenzar a aplicar con especial cuidado. Del mismo modo, como Roma no se hizo en un día, dejarás de lado la oportunidad de agregar información y darle seguimiento. Sea como sea, es un avance básico a la luz del hecho de que ninguna experiencia arrojará ningún resultado de manera consistente a menos que se dé seguimiento. ¡Saber y no hacer es no saber!

Por lo tanto, comienza ahora y pon recursos en ti mismo, desarrolla las aptitudes fundamentales para el progreso y obtén el rendimiento más notable que puedas obtener. ¡Aquí está tu prosperidad!

Instrucciones para lograr lo que quieres en la vida.

En caso de que tengas una fantasía, un objetivo llamativo y audaz que necesitas lograr, necesitarás una disposición de habilidades de adaptación. Puedes descubrir una gran cantidad de consejos sobre este tema, pero ningún otro lugar verás un resumen básico de 2-3 habilidades más vitales que, cuando se organizan, garantizarán tu codiciado resultado. ¿Por qué sería eso? Como no hay muchos que lo piensen y aquellos que lo hacen, deben ocultarlo u ofrecerlo con pocos.

He estado ordenando este aprendizaje un poco a lo largo de todo el tiempo que puedo recordar, continuamente aplicando estos estándares básicos pero muy poderosos y podría dejar esta experiencia para descendientes y cada una de las personas que sintonizarán. Es la sensación más satisfactoria y excepcional que uno puede lograr, tener la capacidad de interesarse por la prosperidad de sus colegas. No tengo nada que esconder con el argumento de que solo algunos de ustedes tendrán la capacidad de sintonizar y aplicar estos estándares, lamentablemente. Por otra parte, la forma en que intentas asegurar la información te coloca en un lugar perfecto. Tan difícil como es de aceptar, no hay tantos como tú.

Ten en cuenta que tu arreglo de convicciones o en lo que tienes confianza es tu guía más fantástica a lo largo de la vida cotidiana. Todo lo que piensas se convierte en tu existencia, por lo que es crucial pensar estándares inexactos, en algo que es evidente. La mayor parte de las personas hoy en día piensan en cosas inventadas sin reconocerlo. Ellos luchan contra demonios y fantasmas. De esta manera, nunca pueden controlar sus vidas. ¡Busca la realidad y la descubrirás! Trata de no permitir que nadie te programe mentalmente, y por alguien, me refiero a mercaderes, funcionarios del gobierno, entusiastas religiosos llamados así "investigadores". Hoy en día ha resultado ser tan normal confiar en la ciencia, aludir a la investigación lógica, aunque los investigadores actuales han creado más "espíritus malignos" que cualquier alquimista o vudú. Obtén tu declaración de todo lo que estás aprendiendo y fabrica tu arreglo de convicciones a la luz de tales establecimientos.

Sé consistente con tus deseos.

SEGUNDO, no menos de una experiencia vital es saber exactamente lo que necesitas de la vida. Averigua qué necesitas, en primer lugar, en segundo lugar, etcétera. ¿Qué costo dirías que pagarás? Paga por adelantado, por ejemplo, al aventurarte fuera de tu habitual rango de familiaridad, con tu oportunidad y trabajo diligente, o paga más adelante, por ejemplo, perdiendo tu flexibilidad, compañía, familia, bienestar o con la frustración a lo largo de la vida cotidiana. ¡Piensa continuamente en los resultados! En caso de que no reconozcas lo que necesitas de la vida, estarás cargado de episodios, y no extremadamente encantadores. ¡De esta manera, diseña tu vida o de lo contrario alguien lo hará por ti! La mejor técnica para organizar es grabarlo en papel. Sueños, preponderancias, súplicas, reflexiones, representaciones - ESTOS son imperativos. Sea como sea, todo lo que no este constituido.

La capacidad de pensar en grande, creativamente y, al mismo tiempo, ser capaz de enfocarte en un objetivo no es una tarea fácil. Por lo tanto, se requiere aprendizaje. Para empezar, necesitarías dominar herramientas de pensamiento específicas: la concentración, la visualización y el mapeo mental son el mínimo necesario. Planear en papel y no solo en tu cabeza usando un mapa mental permitiéndote aprender y pensar de manera eficiente, inteligente y tan rápido que ningún otro genio del pasado podrá compararlo.

Nunca te detengas. Afirma y visualiza.

CUARTO: ¡una habilidad esencial para alcanzar las metas es aprender sobre las fortalezas en ti mismo y descartar todas las excusas y perseverar hasta el final! Al utilizar el tercer poder descrito anteriormente (el ciclo de logro) y observar cómo se te ocurren todo tipo de excusas para no hacer nada, aprende a descartar tales explicaciones y perseverar hasta el final. Las afirmaciones y visualizaciones pueden ayudar aquí.

Por supuesto, esta no es una lista completa de habilidades, pero es suficiente para lograr prácticamente cualquier objetivo realista. La capacidad de comunicarse efectivamente también se puede agregar a esta lista, aunque para algunos es una de las cualidades innatas o se desarrolla dentro de la familia. Si no fueras dotado en esta área, la autoeducación y el conocimiento de las leyes esenciales de la comunicación podrían ayudarte.

La Regla de Oro

Una de esas leyes es la llamada Regla de oro: "Haz a los demás lo que quieras que te hagan a ti". Solo necesitas recordar que no solo es un mero deseo o una buena regla de conducta en la sociedad, sino que es una de las leyes más duras del universo. Debido a que las personas siempre te tratarán de la manera en que tú las tratas. La mentira, el engaño, la hipocresía, la violencia, el robo, la pobreza y la enfermedad en tu vida son el resultado de tu deshonestidad, falta de respeto, fraude, avaricia y odio hacia los demás. En el mismo sentido, la alegría, la salud, la abundancia, el éxito y la felicidad son el resultado de tu amor y servicio desinteresado a los demás. Este tipo de servicio es la clave de la prosperidad, el crecimiento personal y la felicidad. Hazlo tu hábito. Sirve a todos los que conozcas: en casa, en el trabajo, en el juego.

El servicio, sin embargo, no significa hacer su trabajo en lugar de ellos. Haz que el servicio sea parte de tu actitud mental. Hagas lo que hagas, no lo hagas porque debes hacerlo, no por obligación, ni por dinero ni por ningún beneficio futuro. Hazlo por el deseo gozoso de servir a aquellos que amas, lo que significa prácticamente a todos los que conoces. Tal actitud mental por sí sola puede llenar tu vida de prosperidad y amor. Solo recuerda que la fuente de amor más excelente ¡eres TÚ!

Vida Minimalista.

En esta sección, veremos por qué deberías considerar convertirte en minimalista y los muchos beneficios que se derivan de ello. Por supuesto, todo este libro trata sobre vivir el estilo de vida minimalista y, por lo tanto, ser capaz de organizar tu mente para lo mejor.

El minimalismo se puede definir simplemente como una forma de detener la avaricia del mundo que nos rodea. Es lo opuesto a cada anuncio que vemos pegado en la radio, la televisión o la web. Vivimos en una sociedad que se enorgullece de la acumulación de cosas; estamos hartos del consumismo, obsesionados con las posesiones materiales, acumulando deudas, obsesionándonos con las distracciones y el ruido interminable. Lo que parece que no tenemos es ningún significado en nuestro mundo tal como lo conocemos.

Al adoptar un estilo de vida minimalista, puedes comenzar por descartar lo que no necesitas y concentrarte en lo que necesitas. Sé de primera mano lo poco que necesitamos para sobrevivir. Tuve la suerte de vivir en una camioneta durante cuatro meses mientras viajaba por Australia. Esta experiencia me enseñó muchas lecciones valiosas sobre lo que importa y lo poco que necesitamos de todas estas cosas con las que nos rodeamos.

Menos es más.

Vivir un estilo de vida minimalista se trata de reducir lo que se puede reducir. Hay algunos beneficios obvios, como menos limpieza y estrés, un hogar más organizado y más dinero para encontrar, pero también hay algunos beneficios amplios que cambian la vida. Lo que normalmente no nos damos cuenta es que cuando reducimos, reducimos mucho más que solo cosas. En todo caso, la constante lucha de acumular más y más cosas es un camino particular hacia la confusión de la mente. Los estudios han demostrado que después de cierto nivel de satisfacción es lograda al comprar algo; hay una disminución absoluta en la satisfacción que eventualmente tiende a llegar a cero. Los economistas lo llaman satisfacción marginal. El ejemplo más común que utilizan para explicar este concepto es fácil de entender: piensa en el pastel más fantástico que puedas imaginar. Antes de que lo tengas, eres susceptible de manifestar un fuerte deseo de comer ese pastel. Después del primer bocado, sientes una gran satisfacción. El segundo sabor puede mantener un alto nivel de confort pero en algún momento el placer que sientes al comer el pastel disminuye lentamente. Cuando compras el mismo pastel por segunda vez, se espera un grado mucho más bajo de satisfacción. Lo mismo sucede con todas las posesiones, sin importar el origen.

El poder de la publicidad lo hace, por lo que es casi imposible para un individuo resistir el impulso de comprar más y más cosas. Venden la satisfacción proyectada que sentirán, pero nunca hacen un seguimiento después de comprar el producto.

Haz espacio para lo que es vital.

Cuando limpiamos nuestros cajones de basura y almacenadores, hacemos espacio, y también contactamos con una paz total. En caso de que elija una correlación, la que se acerca, y que aludí al principio en una sección de este libro es el carrusel. Las maravillas ocurren cuando nos olvidamos de oponernos a la corriente poderosa de nuestro público en general, y tomamos parte en este ritmo extremo y agotador de compras constantes con cada vez menos cumplimiento y punto de vista. En el caso de que nos preparemos para lo que es esencial, aceptando que descarguemos lo que es, perdemos esa inclinación claustrofóbica, y podemos inhalar una vez más. Hacer un lugar para coronar nuestras vidas con importancia, en lugar de cosas, es uno de los más destacados entre los enfoques más hábiles para limpiar y poner fin a la autodestrucción.

Más Flexibilidad.

La colección constante e ininterrumpida de cosas se asemeja a una estancia; nos asegura e indica el peso que sentimos constantemente. Imagina que trabajas durante tres meses y ahorras dinero para comprar un dispositivo costoso. Después de obtener una carga de esto durante bastante tiempo, no solo la satisfacción que obtienes disminuye, sin embargo, hay otro avance que emerge: nos conectamos con esa protesta, y gradualmente, no obstante, lo más probable es que desarrollemos el temor de perderlo. En el caso de que seamos directos, entendemos que constantemente tenemos miedo de perder nuestras "cosas". Arréglatelas para liberarlas, y encontrarás la oportunidad más que nunca antes: la flexibilidad de la voracidad, la obligación, la fijación y el comportamiento adicto al trabajo. Mucho más así, las probabilidades son la mezcla que no puede colarse de manera efectiva.

Concéntrate en el bienestar y los pasatiempos.

Cuando inviertes menos energía en Home Depot intentando sin éxito estar al tanto de los Jones, haces una apertura para hacer las cosas que adoras, cosas para las que nunca pareces tener tiempo. Además, las ilustraciones son un número tan grande que podríamos componer un libro completamente nuevo simplemente reuniendo casos de cosas asombrosamente insignificantes. Nosotros como un todo hemos estado allí, deseando furtivamente que el día de 24 horas se convierta en uno de 48 horas, solo para nosotros, sin que ninguna otra persona lo sepa. En cualquier caso, en ese punto, si eso resultara válido, quién podría garantizar que no invertiríamos en la actualidad toda la energía que hemos logrado en una gran cantidad de cosas sin importancia que, como mucho, nos dan el sueño de que podemos descansar tranquilos.

Todo el mundo está diciendo continuamente que no tienen suficiente tiempo, sin embargo, ¿cuántas personas se detienen y echan un vistazo a lo que están invirtiendo su energía? Hasta cierto punto es inteligente, pero parece que no hay tiempo para concluir. Podrías apreciar un día con tus hijos, visitando el centro de recreación, ensayando yoga, leyendo un libro decente o viajando. Cualquier cosa que ames que puedas hacer, sin embargo, estarás atrapado en Sears en busca de más cosas. Decepcionante, ¿se diría que no?

Concentrarse Menos en pertenencias materiales.

Todas las cosas con las que nos rodeamos son solo una diversión, y estamos llenando un vacío. El efectivo no puede comprar satisfacción; en conjunto, conocemos el coloquialismo. En cualquier caso, puede comprar comodidad. Después de que se satisfaga la delicia subyacente, ese es el lugar donde debería terminar nuestra fijación con el dinero. Trágicamente, eso es decisivo en el que todo comienza, ya que es, en su mayor parte, una instancia ejemplar de estar atado con un consuelo imaginativo. ¿Qué tal si entendemos esto desde un mejor punto de vista? Imagina que estás ansioso. En ese punto, imagina que tu mente crea que comiste; sin embargo, tu cuerpo no obtiene las sustancias nutritivas que necesita. Por un buen tiempo, a la luz del sueño que sucede dentro de tu psique, ya no sientes hambre. Después de que la alucinación se rompe, y todos lo hacen a la larga, ¿te sientes más hambriento que hace algún tiempo, y es probable que ahora te sientas aniquilado, agotado y vacío? Lo mismo ocurre con el llenado engañoso del vacío que muchos de nosotros consideramos.

Es difícil no ser reservado en la trampa del consumismo. Además, necesito actualizaciones constantes de que son todos los sentimientos de alegría equivocados. Tengo minutos cuando aprecio cosas, sin embargo, percibo que no necesito molestarme con ellos.

Estamos bombardeados por los medios que muestran garantías de satisfacción a través de medidas materiales. Sus instrumentos y habilidades están significativamente más desarrollados de lo que podríamos sospechar que son. Además, la moral no es el propósito sólido de esta área. De esta manera, no es una gran sorpresa que batallemos todos los días. El mejor consejo es oponerse a esos deseos, a pesar de que parece ser difícil. En el caso de que en conjunto comprendamos que esta es una forma vacante que no nos alegrará, tenemos una etapa inicial decente.

Serenidad más significativa

Cuando nos atenemos a la pertenencia material, hacemos presión ya que estamos constantemente perplejos por la pérdida de estas cosas. Al reordenar tu vida, puedes perder tu conexión con estas cosas y, finalmente, hacer una personalidad tranquila y serena.

Cuantas menos cosas necesites para estresarte, más paz tienes, y es tan sencillo como eso.

Más alegría.

Mientras limpias tu cerebro y tu vida entera, normalmente la alegría viene porque flotas hacia las cosas que más te preocupan. De ser este último objetivo aparentemente inaccesible, la satisfacción cambia a una conclusión innegable. Ves las falsas garantías que viven en todo el desorden, y tienes la inclinación de que finalmente haz roto el escudo contra la sustancia real de la vida.

También descubrirás la satisfacción de ser más productivo, verás un enfoque al reorientar tus necesidades, y verás la felicidad al apreciar el retroceso de tu ritmo y cadencia.

Menos miedo a la decepción.

Cuando echáis un vistazo a los sacerdotes budistas, no tienen dudas, y no tienen dudas ya que no tienen nada que perder, ni retomar, por lo que a eso se refiere.

En lo que sea que desees buscar, puedes exceder las expectativas en caso de que no estés atormentado por el temor de perder tu pertenencia común. Claramente, tienes que encontrar la manera de poner un techo sobre tu cabeza, pero además, date cuenta de que tienes poco que temer aparte del miedo mismo. El revoltijo, tal como nos arreglamos a partir de ahora, se deleita con nuestra preocupación, y hay pocos o ningún sistema psicológico que pueda ayudarnos de esa manera. Lo que ayuda, a medida que continuamos expresando todo el libro, es el aprendizaje, la atención plena y el punto de vista. En cualquier caso, el valor se desarrolla al llegar a este conocimiento específico y nunca liberarlo.

Más Certeza

Toda la forma de vida moderada fomenta la singularidad y la confianza. Por cierto, no energiza la independencia, el egocentrismo, la expansión del sentido de uno mismo. En estos días, un número cada vez mayor de personas es capturado en este ejemplo que desarrolla su sentido de sí mismo y piensa poco en los demás. La confianza genuina en ti no tiene nada que ver con disminuir a los demás. A pesar de lo que podría esperarse. Como se expresó inequívocamente en una sección anterior de este libro, ayudar a otras personas y tratar de beneficiarlos de la mejor manera posible es simplemente la certeza. Este esfuerzo aceptado de ubicar a los demás te hará estar más seguro de tu búsqueda de dicha.

Mantener, Tirar, ofrecer, dar.

Experimenta tu armario, tus libros, incluso tus recuerdos y concéntrate en esto: lo que estás guardando, lo que estás descartando, lo que estás ofreciendo y lo que estás dando.

Las prendas, por ejemplo, cualquier cosa que no se haya usado durante mucho tiempo, deberían entrar en una de las clasificaciones mencionadas anteriormente.

Esfuérzate por encontrar un motivo más importante para esta actividad, algo que también te convencerá. La demostración de proporcionar a los que no tienen tanta suerte, como un regalo a la filantropía es la mejor opción que existe.

Ingresa grupos de segunda mano en la web, posiblemente compón un acuerdo de garaje abierto para cada uno de tus acompañantes. En el caso de que la cosa esté demasiado diseñada, completa una acción correcta y entrégasela a alguien que tenga cierta experiencia en la fabricación de prendas nuevas y útiles para aquellos que requieran del material de prendas viejas.

Después de que te deshagas de las prendas que no usas, arregla tu clóset y alégrate al apreciar el resultado; por fin es el final del tumulto incesante en tu almacén.

Nunca pensaste que era concebible, ¿verdad?

A medida que se presenta el caso, una de las indicaciones de la confusión psíquica que encuentro más frecuentemente de lo que quisiera conceder es esta: las personas se conectan sinceramente con las cosas. La idea de la estima entusiasta está orbitando la forma en que conectamos algunos elementos con su apariencia, o con qué tipo de memoria nos influye a evaluar.

Una destacada entre las respuestas más encantadoras pero de sentido común para este tema se me presentó al tener una discusión sobre este tema con un anciano que conocí en una presentación artesanal, hace muchos años. Estaba grabando palabras como qué son las etiquetas o palabras clave, en estos días, en la web, en su bloc de notas.

En el momento en que, tarde o temprano, le pregunté sobre su entrenamiento, me reveló que hace recuerdos por afiliación. Tal vez un par de palabras para cada obra de arte que amaba, tal vez un par de palabras para cada pregunta de trabajo que adoraba. Dijo que este es su método único para seguir su entusiasmo por reunir piezas increíbles de artesanía.

Estaba aturdida por su visión, y siempre recordaría su bloc de notas que parecía ser increíblemente importante.

Descubre tu rumbo.

Hay numerosas maneras por las cuales, inevitablemente, puedes comenzar a caminar hacia un estilo de vida moderado. Una cosa es cierta, sin embargo: a medida que lo haces, el resultado beneficioso que tienes al frente de tus pensamientos aumenta exponencialmente. Sin embargo, un poco de espacio hacia el comienzo gradualmente terminará claramente en una gigantesca distribución de oportunidades.

Estar libre de la opresión de pertenencia es una forma directa para que tu mente limpie el proceso, y por eso les pido a todos que en cualquier caso intenten este compromiso para ver

Conclusión

¡Gracias nuevamente por descargar este libro!

Espero que este libro haya sido capaz de enseñarte los hábitos, las acciones y los modos de pensar que puedes usar para vencer el estrés y limpiar el desorden mental que podría estar impidiéndote estar más enfocado y atento.

El siguiente paso es poner en práctica lo que lees en este libro porque encontrarás que este libro está lleno de ejercicios que pueden tener un impacto inmediato y positivo en tu mentalidad.

En otras palabras, debes encontrar una "ganancia rápida" que tendrá un impacto inmediato en tu vida.

¡Gracias y buena suerte!

Chloe S

Made in the USA
Las Vegas, NV
10 December 2023